신공략 중국어
리스닝

원제 : 한어청력속성(汉语听力速成)

다락원

『신공략 중국어 리스닝』은...

　　『신공략 중국어 리스닝』은 『汉语听力速成』이라는 제목으로
북경어언대학에서 2002년부터 2005년에 걸쳐 발간한 중국어
리스닝 교재의 한국어판이다. 『신공략 중국어 리스닝』은 『신공
략 중국어』시리즈의 일부로, 주로 단기 연수생들의 중국어 청취
력을 향상시키는 데 주안점을 드고 집필한 교재이다. 한국에서
는 한국 대학 교과과정에 맞추어 「초급편」, 「초급에서 중급으로」
, 「중급편」의 3단계로 출판하였다. 이 『신공략 중국어 리스닝』
시리즈는 교학 대상의 수요와 요구에 따라 실용성과 시효성을
충분히 고려한 후 학습자들의 일상생활과 학습, 교제 등에 직접
적인 관련이 있는 주제들부터 TV 프로그램, 뉴스 등을 통해 접
할 수 있는 각 분야의 주제까지 다양하게 선별하여 학습자들이
학습 기간내에 최대한의 학습 효과를 볼 수 있게 구성하였다.

단계별 특징

1. 「초급편(汉语听力速成 - 入门篇)」

　　처음 중국어를 배우는 사람부터 이미 200여 개의 어휘를 습득
한 초급 수준의 학습자가 배우기에 적합하다. 이 교재는 총 13과
로 인사, 숫자, 시간, 교통, 식사, 취미, 방향, 건강, 인물묘사 등

일상생활과 학습, 교제활동에 관련된 내용을 다루고 있다. 본문은 단문 듣기와 일문일답 듣기, 대화 듣기, 긴 문장 듣기 등으로 구성되어 있으며, 짧은 문장에서 긴 문장으로, 쉬운 문장에서 어려운 문장으로 단계적으로 학습할 수 있다.

2. 「초급에서 중급으로(汉语听力速成 - 基础篇)」

간단한 문형과 800여 개의 어휘를 이해하고 있는 초급 및 준중급 수준의 중국어 학습자에게 적합하다. 이 교재는 총 12과로 물건 사기, 진찰 받기, 길 묻기, 여행 등 일상생활과 학습, 교제활동 등에 필요한 내용이 대부분이다. 따라서 본문은 대화 위주로, 학습자의 일상생활 의사 소통에 그 중점을 두고 있다.

3. 「중급편(汉语听力速成 - 中级篇)」

일반적인 구문, 주요 복문, 특수 문형 등을 파악하고 있고 1,500자 이상의 어휘를 학습한 자에게 적합하다. 이 교재는 총 12과로 교통, 스포츠, 직업 등의 일반적인 내용을 다루고 있다. 대화 위주인 본문을 통해 학습자들은 대화는 물론 독백까지 알아들을 수 있는 능력을 키우게 된다.

본문의 구성

『신공략 중국어 리스닝 - 중급편』의 매 과는 새로 나온 단어, 주요 구문, 확인해 봅시다, 리스닝 실전등으로 구성되어 있다.

1. 주요 구문 : 학습자들은 이 부분을 통해 예습과 복습을 할 수 있다. 그 과의 중요한 어휘나 구문 등을 자세히 설명하고 예문까지 두었다.

2. 확인해 봅시다 : 새로 나온 단어와 주요 구문에서 배운 내용을 정리하여 테스트해 보는 부분이다. 받아쓰기 및 주요 구문 연습 위주로 되어 있고 교사의 지도하에 학생들은 리스닝 실전 이전에 그 과의 단어 및 주요 구문을 한 번 더 숙지하게 된다.

3. 리스닝 실전 : 다양성에 증점을 두어 본문의 난이도를 어렵지 않게 조절하였고 같은 형식의 문제가 되풀이 되지 않도록 하였다.

Contents

오디오 CD 트랙 목록  CD1

※ CD1에는 본 교재의 1과~6과가 녹음되어 있습니다.

1과 새로 나온 단어_ Track 1 | 확인해 봅시다_ Track 2~3 | 리스닝 실전_ Track 4~8

2과 새로 나온 단어_ Track 9 | 확인해 봅시다_ Track 10~11 | 리스닝 실전_ Track 12~15

3과 새로 나온 단어_ Track 16 | 확인해 봅시다_ Track 17~18 | 리스닝 실전_ Track 19~23

4과 새로 나온 단어_ Track 24 | 확인해 봅시다_ Track 25~26 | 리스닝 실전_ Track 27~30

5과 새로 나온 단어_ Track 31 | 확인해 봅시다_ Track 32~33 | 리스닝 실전_ Track 34~38

6과 새로 나온 단어_ Track 39 | 확인해 봅시다_ Track 40~41 | 리스닝 실전_ Track 42~45

오디오 CD 트랙 목록  CD2

※ CD2에는 본 교재의 7과~12과가 녹음되어 있습니다.

7과 새로 나온 단어_ Track 1 | 확인해 봅시다_ Track 2~3 | 리스닝 실전_ Track 4~8

8과 새로 나온 단어_ Track 9 | 확인해 봅시다_ Track 10~11 | 리스닝 실전_ Track 12~15

9과 새로 나온 단어_ Track 16 | 확인해 봅시다_ Track 17~18 | 리스닝 실전_ Track 19~22

10과 새로 나온 단어_ Track 23 | 확인해 봅시다_ Track 24~25 | 리스닝 실전_ Track 26~30

11과 새로 나온 단어_ Track 31 | 확인해 봅시다_ Track 32~33 | 리스닝 실전_ Track 34~37

12과 새로 나온 단어_ Track 38 | 확인해 봅시다_ Track 39~40 | 리스닝 실전_ Track 41~43

校园生活

새로 나온 단어

秘诀	mìjué	명	비결
自然	zìrán	부	저절로, 자연히
外向	wàixiàng	형	외향적이다
开朗	kāilǎng	형	명랑하다, 탁 트이고 밝다
健谈	jiàntán	형	능변이다, 입담이 좋다
内向	nèixiàng	형	내성적이다
独处	dúchǔ	동	혼자 살다
地道	dìdao	형	진짜의, 본고장의
儿化	érhuà	동	음절 뒤에 권설모음 儿를 붙여 전체음절을 권설음화 한다.
演讲	yǎnjiǎng	명	강연, 연설
片面	piànmiàn	형	단편적이다, 일방적이다
开阔眼界	kāikuò yǎnjiè		시야를 넓히다
增长	zēngzhǎng	동	늘어나다, 증가하다
充分	chōngfèn	형	충분하다, 넉넉하다
精彩	jīngcǎi	형	뛰어나다, 훌륭하다
亲身	qīnshēn	형	친히, 몸소
体会	tǐhuì	명	체험, 체득
说服力	shuōfúlì	명	설득력
观点	guāndiǎn	명	관점, 입장
过分	guòfèn	형	(말이나 행동이) 지나치다
强调	qiángdiào	동	강조하다

忽视	hūshì	동	소홀히 하다, 경시하다
耽误	dānwù	동	(시간을 지체해서) 일을 그르치다
得不偿失	dé bù cháng shī	성	얻는 것보다 잃는 것이 많다
辩论	biànlùn	동	변론하다, 논쟁하다

주요 구문 格式与范句

1 **那要看……了** : ～하느냐에 달려 있다

예 A: 从北京到上海要花多长时间？

B: 那要看你怎么去了。坐火车要花七八个小时，坐飞机三个小时就到了。

A: 请你给我推荐一个好的饭馆。

B: 那要看你想吃什么了。如果吃四川菜，当然是去四川饭店。如果想吃粤菜，就去香港美食城。

2 **这样一来** : 이렇게 하면, 이렇게 하고 나서

앞문장을 총괄하여 뒷문장을 끌어낼 때 쓰인다.

예 他来中国以后，开始学习太极拳，并且坚持每天练习。这样一来，他不但汉语进步很快，而且身体也越来越好了。

他听不懂汉语，我听不懂英语。我们找了个翻译，这样一来，我们就能互相了解了。

3 **和……有(很大)关系** : ～과 (대우) 관계가 있다

예 小王身体不太好，这和他抽烟有很大关系。

这件事和他没有关系。

4 — 受……的影响 : ～의 영향을 받다

예　受妈妈的影响，玛丽从小就很喜欢音乐。

玛丽从小就很喜欢音乐，这是受她妈妈的影响。

日本文化受中国文化的影响很大。

5 — 把 A 说成 B : A를 B라고 말한다

예　他的发音有问题，常常把四说成十。

他常常把 zh、ch、sh 说成 j、q、x，所以别人听不懂他说的汉语。

6 — A 跟 B 是两回事 : A와 B는 서로 별개의 일이다

예　会说英语跟会教英语是两回事。

他说的跟我说的是两回事。

확인해 봅시다

热身练习

01　주어진 어휘를 큰 소리로 읽어 보시오.

1　性格内向　　　　　　2　增长知识
　　性格外向　　　　　　　　增长经验

3　影响身体　　　　　　4　耽误学习
　　影响学习　　　　　　　　耽误上课

5 亲身体会　　　　　　　　6 过分强调
　亲身经历　　　　　　　　　过分小心

녹음을 듣고 이 과에서 배운 단어를 사용해 빈칸을 채우시오.

1 他的口语进步很快，一定有什么＿＿＿＿。

2 多跟中国人在一起，说汉语的机会＿＿＿＿就多了。

3 小王很＿＿＿＿，不管和熟人在一起还是和生人在一起，他都很＿＿＿＿。

4 我以为你这种想法是＿＿＿＿的。

5 他是＿＿＿＿的北京人。

6 旅游可以开阔眼界，＿＿＿＿知识。

7 北京话的特点是＿＿＿＿音比较多。

8 他喜欢跟别人辩论，他举的例子很有＿＿＿＿＿。

9 不管多忙，都不能＿＿＿＿体育锻炼。

10 老师常常＿＿＿＿多听多说的重要性。

첫 번째 녹음을 듣고 질문에 적합한 정답을 고르고 두 번째 녹음을 듣고 따라 읽어 보시오.

1 A. 会说汉语的人一定会教汉语
　 B. 会说汉语的人不一定会教汉语
　 C. 会教汉语的人不一定会说汉语
　 D. 要做的两件事是说汉语和教汉语

2 A. 旅游可以锻炼身体，还可以不上课
　 B. 旅游的时候，能学到很多课本上的东西
　 C. 旅游可以提高自己的能力，还能增长知识
　 D. 游游看到的东西，课本上都没有

3 A. 玛丽的妈妈喜欢音乐

   B. 玛丽的妈妈不喜欢音乐

   C. 玛丽小时候喜欢音乐，长大以后不喜欢了

   D. 玛丽和妈妈都不喜欢音乐

4 A. j、q、x 和 z、c、s

   B. j、q、x 和 zh、ch、sh

   C. zh、ch、sh 和 z、c、s

   D. j、q、x 和 g、k、h

5 A. 我不知道你怎么去

   B. 去的方法不一样，用的时间也不一样

   C. 你应该告诉我你为什么去上海

   D. 怎么去都一样

6 A. 这样做的结果比较好

   B. 这样做的结果不好

   C. 这样做得到的好处比较多

   D. 这样做有得也有失

7 A. 旅游对学习汉语没有什么作用

   B. 旅游对学习汉语只有一点儿作用，不应该强调

   C. 不应该过分强调旅游对学习汉语的重要性

   D. 应该特别强调旅游对学习汉语的重要性

본문 Ⅰ

01 본문 1과 질문을 듣고 다음 중 정답을 고르시오.

1　A. 很好　　　　　　　　　B. 不太好
　　C. 这是一个秘密　　　　　D. 不知道

2　A. 多玩　　　　　　　　　B. 多说
　　C. 多看　　　　　　　　　D. 四多

3　A. 只要多玩，就能学好汉语
　　B. 只有多玩，才能学好汉语
　　C. 不多玩就不能学好汉语
　　D. 多玩可以帮助学好汉语，但要注意玩的方法

4　A. 可以不去上课　　　　　B. 可以学到课堂上学不到的东西
　　C. 可以学到课堂上的东西　D. 不上课也能学到课堂上的东西

5　A. 买东西　　　　　　　　B. 打网球
　　C. 打篮球　　　　　　　　D. 参观名胜古迹

02 본문1을 듣고 빈칸을 채우시오.

约翰汉语说得很好，他的秘诀是＿＿＿＿，就是＿＿＿＿、＿＿＿＿、
＿＿＿＿、＿＿＿＿。他常常和＿＿＿＿＿＿＿＿一起出去玩，比如
＿＿＿＿＿＿、＿＿＿＿＿＿、＿＿＿＿＿＿＿＿什么的，这样一
来，＿＿＿＿＿＿＿＿自然就多了，还能＿＿＿＿＿＿＿＿＿＿
＿＿＿＿。

1 본문 2와 질문을 듣고 다음 중 정답을 고르시오.

1 A. 口语
   C. 听力

            B. 阅读
            D. 性格

2 A. 开朗
   C. 口语水平比较低

            B. 健谈
            D. 朋友比较多

3 A. 喜欢独处
   C. 阅读水平比较高

            B. 口语水平比较高
            D. 不爱说话

4 A. 内向
   C. 有时候外向，有时候内向

            B. 外向
            D. 既不是外向，也不是内向

5 A. 他真的认为他的口语水平和阅读水平都很高
   B. 他认为他的口语水平很低，阅读水平很高
   C. 他不是真的认为他的口语水平和阅读水平都很高，他在开玩笑
   D. 他认为他的口语水平和阅读水平都不高

2 본문 2를 듣고 서로 관련있는 것끼리 연결하시오.

                          a 不爱说话

1 性格外向的人   **b** 开朗

                          c 喜欢独处

                          d 健谈

2 性格内向的人   **e** 口语水平比较高

                          f 阅读水平比较高

본문 3

O1 본문 3과 질문을 듣고 다음 중 정답을 고르시오.

1 A. 他们是出租汽车司机
B. 他们是东北人
C. 他们受方言的影响，普通话说得不标准
D. 他们不是北京人

2 A. 北京人　　　　　　　　　B. 广东人
C. 东北人　　　　　　　　　D. 四川人

3 A. 北京人　　　　　　　　　B. 广东人
C. 东北人　　　　　　　　　D. 四川人

4 A. 北京人　　　　　　　　　B. 广东人
C. 东北人　　　　　　　　　D. 四川人

5 A. 是一回事　　　　　　　　B. 不是一回事
C. 完全一样　　　　　　　　D. 没有关系

01 본문4와 질문을 듣고 다음 중 정답을 고르시오.

1 A. 老师在给留学生上汉语课
B. 这是一场演讲比赛
C. 这是旅行社在做广告
D. 两个留学生在聊天儿

2 A. 中国人   B. 美国人
C. 日本人   D. 不知道是哪国人

3 A. 旅游也需要学习   B. 旅游不需要学习
C. 旅游也是一种学习   D. 旅游影响学习

4 A. 这种看法是完全正确的
B. 这种看法是完全错误的
C. 这种看法是很全面的
D. 这种看法是不全面的

5 A. 演讲的同学认为旅游没有什么用
B. 演讲的同学认为旅游既花钱，又浪费时间
C. 演讲的同学认为旅游有很多缺点
D. 演讲的同学认为旅游既可以增长知识，又可以锻炼自己

01 본문 5를 듣고 옳고 그름을 판단하시오.

1 玛丽觉得今天的演讲比赛很成功。(　　)

2 约翰认为今天的演讲比赛不太好，只有那个日本同学的演讲《旅游也是一种学习》还不错。(　　)

3 有的同学的演讲准备得不太充分。(　　)

4 玛丽根本不同意那个日本同学的观点。(　　)

5 玛丽认为那个日本同学的演讲一点儿也不好。(　　)

6 玛丽认为旅游对学习汉语没有作用，上课才是最好的方法。(　　)

7 玛丽认为要想学好汉语，上课比旅游重要。(　　)

8 玛丽认为为了旅游不去上课是值得的。(　　)

9 玛丽认为为了旅游耽误上课，对学汉语没有好处。(　　)

10 约翰要跟玛丽辩论。(　　)

饮食

새로 나온 단어

尽管	jǐnguǎn	부	얼마든지, 마음 놓고
铁板牛肉	tiěbǎn niúròu		쇠고기와 야채를 철판에 볶은 요리
香菇菜心	xiānggū càixīn		버섯과 야채를 볶은 요리
清炒西兰花	qīngchǎo xīlánhuā		브로콜리를 기름에 볶은 요리
荤	hūn	명	생선이나 고기류의 요리
素	sù	명	채소류 요리
主食	zhǔshí	명	주식
辣椒	làjiāo	명	고추
发愁	fā chóu		걱정하다, 우려하다
公用	gōngyòng		공동의
手艺	shǒuyì	명	솜씨, 손재간, 수공기술
俱	jù	부	모두, 다, 전부
佳	jiā	형	좋다, 훌륭하다
炒	chǎo	동	볶다
搅	jiǎo	동	휘젓다, 뒤섞다
盛	chéng	동	용기에 담다, 넣다
葱花	cōnghuā	명	잘게 썬 파
味精	wèijīng	명	화학 조미료
酸	suān	형	시다
速冻	sùdòng		급속 냉동된
学以致用	xué yǐ zhì yòng	성	배운 것을 실제로 활용하다

1 ……**什么**，……**什么** : ～하면 ～한다

두 개의 '什么'가 앞뒤로 호응하면서 전자가 후자를 결정함을 나타낸다. 이와 같은 방식으로 쓸 수 있는 것으로는 '哪儿', '谁'가 있다.

예 你吃什么，我吃什么。

你想要什么，我就给你什么。

你去哪儿，我去哪儿。

2 ……**吧**，……；……**吧**，…… : ～하면 ～하고, ～하면 ～하다

두 가지의 선택 모두 단점이 있고 만족할 수 없어 결정하기 어려움을 나타낸다.

예 坐飞机去吧，太贵；坐火车去吧，太慢。

A : 周末你打算去哪儿玩？

B : 我还没拿定主意。去长城吧，路太远；去颐和园吧，人又太多。

3 **话是这么说，可（可是、但是）**…… : 말은 그렇지만, ～ 하다

상대방의 의견에도 일리가 있음을 인정하지만, 자신의 의견·이유·주장 등을 분명하게 나타낸다.

예 A : 多听多说才能学好汉语。

B : 话是这么说，可是要做到很不容易。

A : 来中国当然要尝一尝中国菜。

B : 话是这么说，可是这个菜油太多，我实在吃不下去。

4 V(동사)+ **起来**…… : V(동사) 하자니

문장의 주어와 서술어 사이에서 사물의 어떤 한 방면에 대해 평가하고자 할 때 쓰인다.

 这辆自行车骑起来很舒服。

这件事听起来很容易，可是做起来很难。

5 — 听……的 : ~의 말을 듣다

어떤 이의 말에 따라 일을 처리함을 나타낸다.

 他的话有道理，还是听他的吧。

谁让你不听我的呢？现在后悔了吧？

확인해 봅시다
热身练习

01 주어진 어휘를 큰 소리로 읽어 보시오.

1 公用厨房
公用电话

2 荤菜素菜
一荤一素

3 色、香、味俱佳

4 盛菜
盛饭

5 速冻饺子
速冻食品

6 炒菜
西红柿炒鸡蛋

02 녹음을 듣고 이 과에서 배운 단어를 사용해 빈칸을 채우시오.

1 你有什么困难，_______告诉我。

2 我最喜欢的中国菜是___________，可是我的女朋友不喜欢。

3 他正在为找工作的事_______，连饭也不想吃。

4 _______有馒头、米饭和面条。

5 _______食品虽然很方便，可是味道差一点儿。

6 学外语要注意___________。

7 把糖放进水里，用勺子___一___。

8 请你帮我___一碗米饭。

9 他点了一___一___两个菜，还要了一瓶啤酒。

10 今天请你尝尝我的_______。

 첫 번째 녹음을 듣고 질문에 적합한 정답을 고르고 두 번째 녹음을 듣고 따라
읽어 보시오.

1　A. 觉得骑自行车去比较好
　　B. 觉得坐出租车去比较好
　　C. 觉得骑自行车去和坐出租车去都不太好
　　D. 觉得骑自行车去和坐出租车去都很好

2　A. 韩国菜
　　B. 日本菜
　　C. 不吃日本菜，也不吃韩国菜
　　D. 先吃韩国菜，以后再去吃日本菜

3　A. 样子很好看，可是味道不好
　　B. 样子不好看，可是味道很好
　　C. 样子很好看，味道也很好
　　D. 样子不好看，味道也不好

4　A. 称赞别人画的画儿

　　B. 批评别人画的画儿

　　C. 称赞别人做的菜

　　D. 批评别人做的菜

5　A. 说话人什么都喜欢吃

　　B. 说话人什么都不喜欢吃

　　C. 说话人喜欢吃酸的

　　D. 说话人不喜欢吃酸的

6　A. 说话人觉得速冻饺子不好吃

　　B. 说话人觉得自己包的饺子很好吃

　　C. 说话人觉得速冻饺子很方便

　　D. 说话人觉得买速冻饺子也很麻烦

리스닝 실전 听课文做练习

본문 Ⅰ

01 본문 1과 질문을 듣고 다음 중 정답을 고르시오.

1 A. 在男的家   B. 在女的家
   C. 在饭馆   D. 从课文中不可能知道

2 A. 男的付钱   B. 女的付钱
   C. 男的和女的各付一半   D. 从课文中不可能知道

3 A. 因为是男的请客
   B. 因为是女的请客
   C. 因为女的没在这个饭馆吃过饭
   D. 因为男的要自己点菜

4 A. 特别喜欢吃辣的   B. 特别不喜欢吃辣的
   C. 不喜欢吃特别辣的   D. 前面三种说法都不对

5 A. 铁板牛肉   B. 麻婆豆腐
   C. 香菇菜心   D. 清炒西兰花

6 A. 一种饮料的名字   B. 啤酒的牌子
   C. 一种菜的名字   D. 一种汤的名字

7 A. 四个   B. 五个
   C. 六个   D. 七个

본문 2

1 본문 2를 듣고 옳고 그름을 판단하시오.

1 男的和女的每天为吃饭的事发愁。（　　　）
2 男的希望找到一个又便宜又好吃的饭馆。（　　　）
3 女的认为食堂的饭又便宜又好吃。（　　　）
4 男的认为饭馆的饭又便宜又好吃。（　　　）
5 女的给男的介绍了一个又便宜又好吃的饭馆。（　　　）
6 宿舍楼里有一个饭馆。（　　　）
7 宿舍楼里每层都有一个公用厨房。（　　　）
8 女的常常自己做饭吃。（　　　）
9 男的会做饭，而且做得很好吃，可是他不愿意自己做饭。（　　　）
10 明天男的请女的去饭馆吃饭。（　　　）
11 明天女的做饭请男的吃饭。（　　　）
12 以后男的和女的可能常常一起做饭吃。（　　　）

2 본문 2를 듣고 서로 관련있는 것끼리 연결하시오.

1 去食堂吃	a 味道不太好
	b 价格很贵
2 去饭馆吃	c 味道很好
	d 又好吃又便宜
3 自己做饭吃	e 味道不错

3 본문 2를 듣고 빈칸을 채우시오.

去食堂吃吧，虽然＿＿＿＿＿＿，可是＿＿＿＿＿＿＿＿＿＿＿；去饭馆吃吧，

＿＿＿＿＿＿＿＿＿＿，可是＿＿＿＿＿＿＿。要是有个＿＿＿＿＿＿＿

＿＿的地方就好了。

○1　본문 3과 질문을 듣고 다음 중 듣고 정답을 고르시오.

1　A. 夫妻关系　　　　　　　B. 同学关系
　C. 同事关系　　　　　　　D. 师生关系

2　A. 他的拿手菜是西红柿炒鸡蛋
　B. 男的只会做西红柿炒鸡蛋
　C. 他做的西红柿炒鸡蛋色、香、味俱佳
　D. 他请女的在家里吃过饭

3　A. 她的拿手菜是西红柿炒鸡蛋
　B. 她想学做西红柿炒鸡蛋
　C. 她请老师的爱人教她做西红柿炒鸡蛋
　D. 她明天要请老师尝尝她做的西红柿炒鸡蛋

4　A. 二十分钟左右　　　　　B. 不到十五分钟
　C. 整整一刻钟　　　　　　D. 半个小时左右

5　味精　醋　油　盐　葱　糖　酱油

○2　본문 3을 듣고 요리를 만드는 과정을 순서대로 나열하시오.

（　　）炒鸡蛋

（　　）把西红柿切成块儿

（　　）把鸡蛋盛出来

（　　）把鸡蛋放进去

（　　）炒西红柿

（　　）放一点儿盐和味精

（　　）把鸡蛋打在碗里

01 본문 4와 질문을 듣고 다음 중 정답을 고르시오.

1 A. 有事　　　　　　　　　　　B. 没有空儿
   C. 有一点儿小事　　　　　　　D. 有空儿

2 A. 玛丽请约翰吃饺子
   B. 约翰请玛丽吃饺子
   C. 约翰和玛丽请王老师吃饺子
   D. 王老师请约翰和玛丽吃饺子

3 A. 从来没吃过饺子　　　　　　B. 吃过速冻饺子
   C. 没吃过速冻饺子　　　　　　D. 吃过中国人家里包的饺子

4 A. 来中国已经三个月了　　　　B. 曾经包过饺子
   C. 去中国人家里做过客　　　　D. 没吃过饺子

5 A. 比中国人家里包的饺子好吃
   B. 跟中国人家里包的饺子一样好吃
   C. 不如中国人家里包的饺子好吃
   D. 一点儿也不好吃

6 A. 王老师已经决定了，是星期六晚上七点
   B. 还没最后决定，要再打电话约定
   C. 约翰建议星期六晚上七点见面
   D. 约翰同意星期六晚上七点见面

7 A. 一束鲜花
   B. 每人带一束鲜花
   C. 不带礼物
   D. 玛丽带一束鲜花，约翰还没决定

» **来得早不如来得巧**
lái de zǎo bùrú lái de qiǎo
» 가는 날이 장날이다

» **你不仁，我不义**
nǐ bù rén, wǒ bú yì
» 가는 말이 고와야 오는 말이 곱다

» **自寻烦恼（＝没事找事）**
zì xún fánnǎo (＝méi shì zhǎo shì)
» 걱정도 팔자

» **百闻不如一见**
bǎi wén bùrú yí jiàn
» 백문이 불여일견이라

» **拿鸡蛋碰石头**
ná jīdàn pèng shítou
» 계란으로 바위 치기

» **人情归人情，公道归公道**
rénqíng guī rénqíng, gōngdào guī gōngdào
» 공은 공이고 사는 사다

» **嘴巴两张皮，边讲边移**
zuǐba liǎng zhāng pí, biān jiǎng biān yí
» 귀에 걸면 귀걸이, 코에 걸던 코걸이

새로 나온 단어

早市	zǎoshì	명	아침시장
运	yùn	동	(물건을) 나르다, 운반하다
秤	chèng	명	저울
购物中心	gòuwù zhōngxīn		쇼핑센터
开业	kāiyè	동	개업하다
私家车	sījiāchē	명	자가용
毕竟	bìjìng	부	결국, 필경, 마침내
算	suàn	동	계산하다, 셈하다
划算	huásuàn	명	수지가 맞다
火	huǒ	명	뜨거운, 유행의
销售额	xiāoshòu'é	명	판매액
超过	chāoguò	동	초과하다, 상회하다, 뛰어넘다
亿	yì	수	억(숫자)
人次	réncì	양	연인원
相当于	xiāngdāng yú		~에 상당하다
保证	bǎozhèng	명	보증, 확보
投诉	tóusù	동	호소하다, 소송하다.
图	tú	동	꾀하다, 도모하다
争	zhēng	동	다투다, 논쟁하다
缩水	suōshuǐ	동	물에 줄어들다
发票	fāpiào	명	영수증
打折	dǎzhé	동	할인하다, 에누리하다

筒	tǒng	양	통
一伙儿	yìhuǒr		무리, 단체
假装	jiǎzhuāng	동	가장하다, ~인 체하다
睁	zhēng	동	눈을 크게 뜨다

1　毕竟 : 결국, 필경, 마침내

예　学外语与学母语毕竟不一样。
　　两个人的力气毕竟要比一个人的大。

2　对……有兴趣 : ~에 대해 흥미가 있다

예　我从小就对历史有很大的兴趣。
　　他对运动从来就没有什么兴趣。

3　相当于 : ~에 상당하다

예　他的汉语相当于小学生的水平。
　　这顿饭相当于我一个月的工资。

01 주어진 어휘를 큰 소리로 읽어 보시오.

1 商店开业　　　　　　　2 超过 100 斤
　饭店开业　　　　　　　　超过 3 小时

3 图便宜　　　　　　　　4 打 8 折
　图方便　　　　　　　　　不打折

5 假装睡觉　　　　　　　6 睁开眼
　假装看书　　　　　　　　睁大眼

02 녹음을 듣고 이 과에서 배운 단어를 사용해 빈칸을 채우시오.

1 农民很早就把蔬菜、水果＿＿＿到市场。

2 这个＿＿＿＿＿＿是上个月刚＿＿＿＿＿的。

3 现在有的＿＿＿＿＿＿人逐渐多起来了。

4 会说外语的中国人＿＿＿＿＿还很少。

5 这个商场一年的＿＿＿＿＿＿超过一＿＿＿元人民币。

6 每年来速成学院学习的留学生大约有 2000＿＿＿＿＿。

7 如果不满意他们的服务，可以去＿＿＿＿＿。

8 他们两个人常常为一个小问题＿＿＿半天。

9 新年前很多商店都＿＿＿＿＿。

10 他_______没看见我，不跟我打招呼。

 첫 번째 녹음을 듣고 질문에 적합한 정답을 고르고 두 번째 녹음을 듣고 따라
읽어 보시오.

1 A. 报纸说得不对　　　　　　　B. 报纸说得不太对
　　C. 报纸说得对　　　　　　　　D. 报纸说得只对一点儿

2 A. 应该算一算　　　　　　　　B. 买三斤太多了
　　C. 买一斤比较便宜　　　　　　D. 买三斤比较便宜

3 A. 今年夏天很热　　　　　　　B. 穿这种裙子很热
　　C. 没有人买这种裙子　　　　　D. 买这种裙子的人很多

4 A. 他吃得比我多　　　　　　　B. 我吃得比他多
　　C. 他一天只吃一顿饭　　　　　D. 我一天吃很多饭

5 A. 商店应该多挣钱　　　　　　B. 商店比顾客重要
　　C. 顾客满意是最重要的　　　　D. 顾客不能有很多要求

6 A. 他买一斤东西　　　　　　　B. 他买 9 两东西
　　C. 他的秤坏了　　　　　　　　D. 他常常骗人

7 A. 两个人不认识　　　　　　　B. 两个人认识
　　C. 有很多人　　　　　　　　　D. 两个人在一起

리스닝 실전 听课文做练习

본문   I

01   본문 1을 듣고 옳고 그름을 판단하시오.

1   早市上除了蔬菜、水果，还有很多别的东西。(　　　)

2   因为早市的菜很多，所以便宜。(　　　)

3   有很多农民在早市卖菜。(　　　)

4   在早市可以讨价还价。(　　　)

5   在早市买东西有时候会上当。(　　　)

6   去早市买东西的人自己都有秤。(　　　)

본문 2

O1 본문 2와 질문을 듣고 다음 중 정답을 고르시오.

1 A. 超市的菜不新鲜
    B. 没有自己的汽车
    C. 去购物的人太多
    D. 去购物的人不多

2 A. 在超市买一个礼拜的肉、菜放进冰箱
    B. 天天买新鲜的吃
    C. 开车去超市
    D. 打的去大商店

3 A. 质量好　　　　　　　　B. 随便挑选
    C. 交通方便　　　　　　　D. 有当上帝的感觉

4 A. 10 亿　　　　　　　　　B. 每个北京人都来过一次
    C. 1000 万人　　　　　　D. 1000 万人次

O2 본문 2를 듣고 다음 물음에 답하시오.

人们为什么喜欢去望京购物？

》

본문 3

01 본문 3과 질문을 듣고 정답을 고르시오.

1 A. 大商场的东西便宜
   B. 大商场的东西漂亮
   C. 大商场的东西质量好
   D. 她有钱

2 A. 从来不去大商场
   B. 很怕去大商场
   C. 觉得女的说得对
   D. 觉得大商场东西太贵

3 A. 很多人去买东西
   B. 东西很贵
   C. 东西质量好
   D. 很多人夏天喜欢去

4 A. 贵一点儿没关系
   B. 有钱的人喜欢花很多钱买东西
   C. 只要质量好，贵一点儿也可以
   D. 只要心里高兴，贵一点儿也高兴

01 본문 4를 듣고 옳고 그름을 판단하시오.

1 这件毛衣只穿了一次就坏了。(　　)

2 商店打折是因为质量不好。(　　)

3 在这个商店买东西不能换。(　　)

4 商店告诉顾客，如果质量不好，一个月以内可以换。(　　)

5 商店规定打折的商品不能换。(　　)

6 如果经理同意换，售货员可以给顾客换。(　　)

01 본문 5 와 질문을 듣고 정답을 고르시오.

1 A. 很好　　　　　　　　　B. 很便宜
　 C. 又好又便宜　　　　　　D. 一般

2 A. 她最喜欢喝茶　　　　　B. 她认识卖茶的
　 C. 她有钱　　　　　　　　D. 她不会买东西

3 A. 一个孩子　　　　　　　B. 卖东西的人
　 C. 买东西的人　　　　　　D. 假装买东西的人

4 A. 应该把眼睛睁得很大
　 B. 不能随便相信别人的话
　 C. 不能买贵的
　 D. 不能买便宜的

» **有其父必有其子**
yǒu qí fù bì yǒu qízǐ
» 그 아버지에 그 아들

» **打自己的嘴巴**
dǎ zìjǐ de zuǐba
» 누워서 침 뱉기

» **以牙还牙, 以眼还眼**
yǐ yá huán yá, yǐ yǎn huán yǎn
» 눈에는 눈, 이에는 이

» **一报还百报**
yí bào huán bǎi bào
» 되로 주고 말로 받는다

» **山外有山, 天外有天**
shān wài yǒu shān, tiān wài yǒu tiān
» 뛰는 놈 위에 나는 놈 있다

» **千里之行, 始于足下**
qiān lǐ zhī xíng, shǐ yú zú xià
» 천리길도 한 걸음부터

» **十八口子乱当家**
shíbā kǒuzi luàn dāngjiā
» 사공이 많으면 배가 산으로 간다

새로 나온 단어

带	dài	명	타이어
瘪	biě	형	오그라들다, 쭈글쭈글하다
打气	dǎ qì		공기를 넣다, 바람을 넣다
气门芯儿	qìménxīnr	명	타이어 밸브
车胎	chētāi	명	타이어
扎	zhā	동	찌르다
喷头	pēntóu	명	(샤워기, 분무기 등) 분사 꼭지
堵	dǔ	동	막다, 차단하다
打喷嚏	dǎ fēnti		재채기하다
水龙头	shuǐlóngtóu	명	수도 꼭지
晕机	yùnjī	동	비행기 멀미하다
拨打	bōdǎ	동	다이얼을 돌리다
传	chúan	동	전달하다, 전수하다
紧急	jǐnjí	형	긴급하다, 절박하다
手忙脚乱	shǒu máng jiǎo luàn	성	바빠서 허둥지둥하다
抢	qiǎng	동	빼앗다, 약탈하다
心脏病	xīnzàngbìng	명	심장병
发作	fāzuò	동	(잠복해 있던 일, 병 등) 발작하다
救护车	jiùhùchē	명	구급차
事故	shìgù	명	의외의 사고나 재해
堵塞	dǔsè	동	막히다, 가로막다
恢复	huīfù	동	회복하다

1 　**至少** : 적어도, 최소한

예　他今年至少 50 岁了。
　　这种牌子的自行车至少要 400 块钱。

2 　**来不及** : 시간이 모자란, 너무 늦어버린

예　明天就考试，现在复习已经来不及了。
　　已经 7 点 50 了，来不及吃早饭了。

3 　**只要……就……** : ～하기만 하면 ～한다

앞부분의 조건만 만족한다면 반드시 뒤의 결과가 온다는 것을 나타낸다.

예　只要努力，就一定能学会。
　　他只要到北京，就一定会来看我。

4 　**千万** : 부디, 절대로, 꼭

'一定'가 의미가 비슷하며 보통 부정문에서 '别', '不'와 함께 쓰인다.

예　这事很重要，你千万别忘了。
　　你千万不能一个人去。

热身练习

01 주어진 어휘를 큰 소리로 읽어 보시오.

1 前带
  后带

2 抢东西
  抢时间

3 拨打电话
  拨打119

4 传来歌声
  传出声音

5 紧急事件
  紧急情况

6 恢复健康
  恢复交通

02 녹음을 듣고 이 과에서 배운 단어를 사용해 빈칸을 채우시오.

1 我的车昨天刚＿＿＿的＿＿＿，今天又＿＿＿了。

2 我的手被＿＿＿破了。

3 这个＿＿＿＿＿＿＿＿坏了，不出水，可能＿＿＿了。

4 他洗澡的时候感冒了，老＿＿＿＿＿＿。

5 这件事很＿＿＿＿＿＿，你一定要马上通知他。

6 因为＿＿＿＿＿＿，我妈妈从来不坐飞机。

7 他昨天半夜＿＿＿＿＿＿突然＿＿＿＿＿＿，被送进了医院。

8 酒后开车很容易发生＿＿＿＿＿＿。

9 北京的交通＿＿＿＿＿＿情况很严重。

10 不用担心，你的病休息几天就会________的。

첫 번째 녹음을 듣고 질문에 적합한 정답을 고르고 두 번째 녹음을 듣고 따라
읽어 보시오.

1　A. 房子很大　　　　　　　B. 买这房子要花 30 万块
　　C. 买这房子要 30 多万块　　D. 这房子不用 30 万就能买到

2　A. 他们晚了　　　　　　　B. 他们应该马上出发
　　C. 他们走得很快　　　　　D. 不用着急

3　A. 我不认识他　　　　　　B. 这件事交给他没问题
　　C. 这件事他不能做　　　　D. 这件事很难办

4　A. 他的行李很多　　　　　B. 他的手很忙
　　C. 他的行李收拾好了　　　D. 他正忙着收拾行李

5　A. 她还不知道这件事　　　B. 她已经知道这件事了
　　C. 只有她知道这件事　　　D. 全世界都知道这件事

본문 Ⅰ

01 본문 1을 듣고 옳고 그름을 판단하시오.

1 现在是上课时间。(　　　)

2 玛丽忘了给自行车打气。(　　　)

3 玛丽的自行车后带可能被扎破了。(　　　)

4 玛丽自行车的车铃也坏了。(　　　)

5 15分钟可以修好自行车。(　　　)

6 玛丽等自行车修好以后再去上课。(　　　)

7 玛丽上课迟到了，所以要跑步去教室。(　　　)

8 玛丽中午来取自行车。(　　　)

01 본문 2를 듣고 옳고 그름을 판단하시오.

1 玛丽洗手间的喷头有时候有水，有时候没有水。（　　）

2 洗澡的水很凉。（　　）

3 玛丽感冒了。（　　）

4 玛丽的水龙头也坏了。（　　）

5 打开水龙头的时候有很大的声音。（　　）

6 明天服务员给玛丽修理。（　　）

본문 *3*

○1 본문 3을 듣고 옳고 그름을 판단하시오.

1 张明和陈东是大学同学。（　　）

2 张明不在北京工作。（　　）

3 张明的父母住在烟台。（　　）

4 张明的妈妈觉得坐飞机太贵。（　　）

5 张明的父母想在北京玩几天。（　　）

6 陈东还没见过张明的父母。（　　）

○2 본문 3과 질문을 듣고 다음 중 정답을 고르시오.

1 A. 变老了　　　　　　　　B. 没变老
　　C. 样子没有变化　　　　　D. 情况没有变化

2 A. 全由我来做　　　　　　B. 我可以做
　　C. 我可以试试做　　　　　D. 这是我的责任

3 A. 比我大三岁　　　　　　B. 三年前
　　C. 大学三年级　　　　　　D. 人名

0 1 본문 4를 듣고 서로 관련있는 것끼리 연결하시오.

1 天气预报   a 110

2 火警   b 114

3 匪警   c 119

4 急救   d 120

5 交通事故   e 121

6 查号台   f 122

休闲娱乐

여가선용과 오락  05

새로 나온 단어

国务院	guówùyuàn	명	국무원
发布	fābù	동	발표하다, 선포하다
全体	quántǐ	명	전체
公民	gōngmín	명	공민, 시민
儿童节	Értóng Jié	고유	어린이날
建军节	Jiànjūn Jié	고유	건군기념일
军人	jūnrén	명	군인
(大年) 三十	(dànián) sānshí		음력 섣달 그믐날
中央电视台	Zhōngyāng Diànshìtái	고유	CCTV, 중국 중앙 TV
发财	fācái	동	돈을 벌다, 부자되다
守岁	shǒusuì	동	밤을 새며 설을 쇠다
拜年	bài nián		새해 인사를 드리다
呼机	hūjī	명	호출기
网	wǎng	명	인터넷
长辈	zhǎngbèi	명	손윗사람, 연장자
痛快	tòngkuai	형	통쾌하다, 유쾌하다, 신나다
享受	xiǎngshòu	명 동	누림, 누리다
养	yǎng	동	기르다, 부양하다
气功	qìgōng	명	기공, 단전호흡
迪斯科	dísīkē	명	디스코
扭秧歌	niǔ yāngge		포크 댄스의 일종
绸子	chóuzi	명	견직물, 주단
可	kě	조	~할 만하다

1 — **可不是** : 어찌 아니겠어.

상대방의 생각에 동의함을 나타내며 구어체에서 많이 쓰인다.

예 A: 汉语比我想的还要难。
　　B: 可不是。

2 — **……个痛快** : 실컷 ~ 하다
吃个痛快 : 실컷 먹다
玩个痛快 : 실컷 놀다

무언가를 마음이 흡족할 상태까지 함을 의미한다.

예 好久没见面了，今天一定得喝个痛快。
　　平时妈妈不让我看电视，现在放假了，我可以看个痛快了。

3 — **再……也……** : 설령 ~일지라도

예 明天是爷爷的生日，下班再晚也得回去。
　　自己当老板，工作再累也高兴。

4 — **……啦，……啦** : ~와 ~와

구어체로, 어떤 것을 나열 · 열거하고자 할 때 쓰인다.

예 苹果啦、草莓啦、西瓜啦，都是我喜欢的水果。
　　她去过很多国家，比如美国啦、法国啦，还有意大利。

01 주어진 어휘를 큰 소리로 읽어 보시오.

1 发布消息
  发布命令

2 全体公民
  全体学生

3 享受阳光
  享受生活

4 养狗
  养花

5 痛快地玩
  玩得痛快

6 练气功
  爱好气功

02 녹음을 듣고 이 과에서 배운 단어를 사용해 빈칸을 채우시오.

1 ___________ _______了新的放假办法。

2 _____________ _______________总是有很多好看的节目。

3 过春节的时候，我们家有_______的传统。

4 这是我的_______号码，有事呼我。

5 我刚买了电脑，还没上____。

6 跟_______这样说话不礼貌。

7 听古典音乐对我来说是一种_______。

8 我爸爸平时喜欢____花、____鱼。

9 旅游可以让人_______眼界。

10 这本书真没意思，没什么____看的。

첫 번째 녹음을 듣고 질문에 적합한 정답을 고르고 두 번째 녹음을 듣고 따라
읽어 보시오.

1 A. 她是北京人　　　　　　　B. 她是青岛人
　　 C. 她在北京上学　　　　　　D. 她大学还没毕业

2 A. 北京夏天不热　　　　　　B. 女的可能没去过北京
　　 C. 男的觉得不热　　　　　　D. 男的觉得女的对

3 A. 男的不想吃饭　　　　　　B. 男的不想出去吃饭
　　 C. 男的可能会出去吃饭　　　D. 男的一定会出去吃饭

4 A. 这个东西很贵　　　　　　B. 这个东西是我女朋友的
　　 C. 我很喜欢这个东西　　　　D. 我觉得不太贵

5 A. 你不认识他　　　　　　　B. 他不认识你
　　 C. 你不应该不认识他　　　　D. 你认识他

6 A. 他来中国学汉语　　　　　B. 他来中国旅游
　　 C. 他参观过很多地方　　　　D. 他想又学汉语又旅行

본문 I

1　본문 1을 듣고 빈칸을 채우시오.

全体公民放假的节日有＿＿＿、＿＿＿、＿＿＿和＿＿＿，

分别放假＿＿、＿＿、＿＿和＿＿。

2　본문 1을 듣고 서로 관련있는 것끼리 연결하시오.

1　妇女节	a　6月1日	ㄱ　放假半天
2　青年节	b　3月8日	ㄴ　放假半天
3　儿童节	c　8月1日	ㄷ　放假半天
4　建军节	d　5月4日	ㄹ　放假1天

01 본문 2와 질문을 듣고 정답을 고르시오.

1 A. 他是东北人　　　　　　　B. 他在北京过春节
　 C. 他春节的时候结婚　　　　 D. 他和父母住在一起

2 A. 看春节晚会　　　　　　　 B. 吃饺子
　 C. 三十晚上不睡觉　　　　　 D. 拜年

3 A. 打电话　　　　　　　　　 B. 打传呼
　 C. 上网　　　　　　　　　　 D. 拜年

4 A. 电话拜年　　　　　　　　 B. 呼机拜年
　 C. 网上拜年　　　　　　　　 D. 上门拜年

01 본문 3과 질문을 듣고 정답을 고르시오.

1 A. 他很忙
   B. 他喜欢打网球
   C. 打网球的时候，他不觉得累
   D. 他想知道女的喜不喜欢打网球

2 A. 好静   B. 好动

3 A. 逛商场   B. 跳迪斯科
   C. 唱卡拉 OK   D. 看书

4 A. 听音乐会比较贵   B. 男的很穷
   C. 女的不喜欢她的同屋   D. 女的同屋腿不好

01 본문 4를 듣고 옳고 그름을 판단하시오.

1 老年人一般起床比较早。(   )

2 "票友" 就是京剧迷。(   )

3 公园里常常有很多老人在一起唱京剧。(   )

4 老年人一般不喜欢跳舞。(   )

5 老年人没有太多的娱乐。(   )

6 男的觉得女的不知道什么是扭秧歌。(   )

7 扭秧歌的时候一定很热闹。(   )

본문 5

〇1 본문 5 를 듣고 빈칸을 채우시오.

旅游不但可以让我＿＿＿＿＿＿＿＿＿＿＿＿＿＿＿＿＿＿＿＿＿，

还可以＿＿＿＿＿＿＿，＿＿＿＿＿＿＿＿＿＿＿＿＿。

〇2 본문 5 를 듣고 옳고 그름을 판단하시오.

1 国庆节时旅游的人很多。（　　　）

2 我现在挣钱不太多。（　　　）

3 有钱的人才能去旅游。（　　　）

4 因为钱少，所以旅游的时候常常会不开心。（　　　）

5 我还没去过西安。（　　　）

6 我希望以后有机会去外国旅游。（　　　）

» **苦尽自有甜来到**
kǔ jìn zì yǒu tián lái dào
　　» 고생 끝에 낙이 온다

» **镜花水月，空中楼阁**
jìng huā shuǐ yuè, kōngzhōng lóu gé
　　» 그림의 떡

» **目不识丁**
mù bù shí dīng
　　» 낫 놓고 기역 자도 모른다

» **不费吹灰之力**
bú fèi chuī huī zhī lì
　　» 누워서 떡 먹기

» **捞稻草**
lāo dàocǎo
　　» 물에 빠진 사람 지푸라기라도 잡는다

» **一分钱一分货**
yì fēn qián yì fēn huò
　　» 싼 게 비지떡

» **马后炮**
mǎ hòu pào
　　» 소 잃고 외양간 고치기

새로 나온 단어

拥有	yōngyǒu	동	소유하다, 가지다
梦想	mèngxiǎng	명	갈망, 몽상
堵车	dǔ chē		차가 막히다
污染	wūrǎn	명 동	오염, 오염시키다
环境	huánjìng	명	환경
锻炼	duànliàn	동	단련하다
提倡	tíchàng	동	제창하다
赶上	gǎn shàng		(어떤 상황이나 때를) 만나다
开演	kāiyǎn	동	공연을 시작하다
高峰	gāofēng	명	최고점, 절정
拐	guǎi	동	돌다, 방향을 바꾸다
站	zhàn	명	정류장
起码	qǐmǎ	부	최소한의
毫无疑问	háowú yíwèn		조금의 의문도 없다
流	liú	명	흐름, 물결
惊叹	jīngtàn	동	경탄하다
合影	héyǐng	명	단체 사진
留念	liú niàn		기념으로 남겨두다
特技	tèjì	명	특기

1 **不见得** : 꼭 ~하지는 않다

'不一定'가 의미가 비슷하다.

예 A: 坐车肯定比骑车快。
B: 不见得吧。要是赶上堵车呢？

2 **……有……的好处** : ~에는 ~의 장점이 있다

예 冬天有冬天的好处，夏天有夏天的好处。
很多人觉得骑自行车很辛苦，可是我觉得骑自行车有骑自行车的好处。

3 **早知道……，真不如……**

: 일찌감치 ~을 알았다면, 차라리 ~했을 것이다

예 早知道公共汽车这么挤，真不如坐出租车了。
早知道这里这么冷，真不如不来了。

01 주어진 어휘를 큰 소리로 읽어 보시오.

1 拥有土地
  拥有财富

2 污染环境
  空气污染

3 锻炼身体
  坚持锻炼

4 高峰时间
  交通高峰

5 合影留念
  跟……合影

6 特技表演
  特技演员

02 녹음을 듣고 이 과에서 배운 단어를 사용해 빈칸을 채우시오.

1 中国＿＿＿＿＿＿一对夫妻只生一个孩子。

2 这种说法＿＿＿＿＿＿＿是错误的。

3 上下班＿＿＿＿＿时间常常＿＿＿＿＿。

4 前边的十字路口向右＿＿，再走五分钟就到了。

5 他想跟那个电影明星＿＿＿＿＿，可是一直没有机会。

6 骑自行车去的话，＿＿＿＿＿要用一个小时。

7 随着生活水平的提高，很多人＿＿＿＿＿了自己的汽车。

8 他们正在练习用自行车做＿＿＿＿＿表演。

9 很多大城市的空气＿＿＿＿＿很严重，这和汽车越来越多有很大关系。

03 첫 번째 녹음을 듣고 질문에 적합한 정답을 고르고 두 번째 녹음을 듣고 따라 읽어 보시오.

1 A. 汽车比自行车好 　　　　 B. 自行车比汽车好
　 C. 汽车和自行车一样好 　　 D. 汽车和自行车各有各的好处

2 A. 坐公共汽车比骑自行车快
　 B. 骑自行车比坐公共汽车快
　 C. 坐公共汽车不一定比骑自行车快
　 D. 骑自行车不一定比坐公共汽车快

3 A. 说话人是骑车来的 　　　 B. 说话人不是骑车来的
　 C. 说话人打算骑车来 　　　 D. 说话人不打算骑车来

4 A. 公共汽车太挤 　　　　　 B. 出租车太贵
　 C. 现在堵车 　　　　　　　 D. A 和 C 都对

5 A. 骑车去最多用一个小时 　 B. 骑车去用不了一个小时
　 C. 骑车去最少用一个小时 　 D. 骑车去一个小时也到不了

본문 Ⅰ

01 본문 1을 듣고 옳고 그름을 판단하시오.

1 年轻人更想拥有一辆自己的汽车。（　　）

2 随着生活水平的提高，很多人拥有了自己的汽车。（　　）

3 生活水平提高了，大多数中国人拥有了自己的汽车。（　　）

4 虽然生活水平提高了，可是大多数中国人还是买不起汽车。（　　）

5 很多发达国家不提倡骑自行车。（　　）

6 骑自行车有很多好处。（　　）

02 본문 1을 듣고 빈칸을 채우시오.

1 拥有＿＿＿＿＿＿＿＿＿＿＿＿＿＿＿＿＿＿＿＿＿，是很多人的梦想，特别是
＿＿＿＿＿＿＿＿＿。随着＿＿＿＿＿＿＿＿＿＿＿＿＿＿，很多人的梦
想＿＿＿＿＿＿＿＿＿＿。

2 虽然有车的人越来越多，可是＿＿＿＿＿＿＿＿＿＿＿＿＿＿＿＿＿＿。
再说，自行车＿＿＿＿＿＿＿＿＿＿＿＿＿，比如不怕＿＿＿＿＿＿，
不会＿＿＿＿＿＿＿＿，还能＿＿＿＿＿＿。很多发达国家不是
还＿＿＿＿＿＿＿＿＿＿吗？

3 汽车虽然快，可是＿＿＿＿＿＿＿＿，还不如＿＿＿＿＿＿呢。

01 본문 1과 질문을 듣고 정답을 고르시오.

1 A. 玛丽和朋友一起坐出租车去看电影
B. 玛丽一个人去看电影
C. 玛丽和朋友约好在电影院门口见面
D. 玛丽的朋友没来

2 A. 早晨 7 点到 8 点之间　　　　B. 上午 10 点到 12 点之间
C. 下午 2 点到 4 点之间　　　　D. 晚上 5 点到 7 点之间

3 A. 半个小时　　　　　　　　　B. 二十分钟
C. 一个小时左右　　　　　　　D. 司机也说不准

4 A. 她担心要花很多车费
B. 她很喜欢那个电影，怕看不到开头
C. 她怕耽误朋友看电影
D. 她怕朋友会生气

5 A. 200 米左右　　　　　　　　B. 坐出租车 20 分钟左右
C. 走路 20 分钟左右　　　　　D. 骑车 20 分钟左右

6

玛丽的出租车

01 본문 3과 질문을 듣고 정답을 고르시오.

1 A. 先骑自行车，然后换地铁　　B. 先坐公共汽车，然后换地铁
　　C. 先坐地铁，然后骑自行车　　D. 坐出租汽车

2 A. 先骑自行车，然后换地铁　　B. 先坐公共汽车，然后换地铁
　　C. 坐出租汽车　　　　　　　　D. B 或者 C

3 A. 30 分钟　　　　　　　　　　B. 20 分钟
　　C. 45 分钟　　　　　　　　　　D. 两小时

4 A. 锻炼身体　　　　　　　　　　B. 呼吸新鲜空气
　　C. 不怕堵车　　　　　　　　　　D. 不用等车

5 A. 要等很长时间　　　　　　　　B. 怕堵车，容易迟到
　　C. 不能锻炼身体　　　　　　　　D. A 和 B 都对

02 본문 3을 듣고 빈칸을 채우시오.

小王的家＿＿＿公司＿＿＿＿＿＿，他每天上班要先＿＿＿＿＿＿＿＿，然后
＿＿＿＿＿＿＿＿＿＿。要是赶上＿＿＿＿＿＿，特别是冬天＿＿＿＿＿＿，
他就先＿＿＿＿＿，然后再＿＿＿＿＿，或者＿＿＿＿＿＿＿＿。
他把骑自行车当成＿＿＿＿＿＿，而且不怕＿＿＿，不用＿＿＿，可以
说是＿＿＿＿＿＿。

03 본문 3을 듣고 다음 물음에 답하시오.

骑自行车上班有哪些好处？有哪些不方便的地方？

》

<h1 align="center">본문 4</h1>

O1 본문 4를 듣고 옳고 그름을 판단하시오.

1 北京人十个有九个会骑自行车。（　　）

2 自行车是 20 世纪初中国人发明的。（　　）

3 进入 21 世纪，大多数北京人可以不骑自行车了，因为有很多别的交通工具。（　　）

4 在北京骑自行车很方便，而且还有乐趣。（　　）

5 美国前总统布什夫妇曾经在北京骑车逛街并合影留念。（　　）

6 骑自行车也常常担心堵车。（　　）

7 自行车只是北京人上下班的代步工具。（　　）

8 外国人要想骑车逛北京，必须自己买一辆自行车。（　　）

9 北京的孩子从小就自己骑自行车上幼儿园，上小学。（　　）

10 有的青少年用自行车做特技表演。（　　）

O2 본문 4를 듣고 다음 물음에 답하시오.

1 为什么说北京的孩子从小就对自行车产生了感情？

2 为什么说进入 21 世纪，自行车仍是北京人离不开的交通工具？(可以结合前面的课文谈谈自己的想法。)

새로 나온 단어

恭喜	gōngxǐ	동	축하하다
对象	duìxiàng	명	애인, 결혼 상대
挑	tiāo	형	까다롭다
婚纱	hūnshā	명	웨딩 드레스
礼服	lǐfú	명	예복
摄像	shèxiàng	동	사진을 찍다
摄影师	shèyǐngshī	명	(비디오 등) 촬영 기사
酒席	jiǔxí	명	술자리, 연회
新人	xīnrén	명	신랑 · 신부
支付	zhīfù	동	지불하다
新郎	xīnláng	명	신랑
新娘	xīnniáng	명	신부
酷	kù	형	멋있다
顶	dǐng	동	무릅쓰다, 거스르다
遵从	zūncóng	동	따르다, 복종하다
登记处	dēngjìchù	명	등기소
结婚证	jiéhūnzhèng	명	결혼 증명서
一窍不通	yí qiào bù tōng	성	아무것도 모르다
干脆	gāncuì	부	아예, 차라리
跟上	gēn shang		뒤따르다, 따라붙다
主动	zhǔdòng	형	자발적이다, 능동적이다
保姆	bǎomǔ	명	보모, 가정부

分担	fēndān	동	분담하다, 나누어 맡다
熟悉	shúxī	형	잘 알고 있다, 충분히 알다
普遍	pǔbiàn	형	보편적이다
耐心	nàixīn	명 형	참을성, 참을성이 강하다
电器	diànqì	명	전기기구
反映	fǎnyìng	동	반영하다
离婚	lí hūn		이혼, 이혼하다
率	lù	명	~률
现象	xiànxiàng	명	현상
上升	shàngshēng	동	상승하다, 향상하다
平衡	pínghéng	명	평형, 균형
明显	míngxiǎn	형	뚜렷하다, 분명하다

1　**别提了** : 묻지도 마

유쾌하지 않은 과거를 꺼내지 않기를 바랄 때 쓰인다.

예　A: 你接到小王了吗？
　　B: 别提了, 他把地点说错了。
　　A: 你怎么一头的汗？
　　B: 别提了, 电梯坏了, 我是爬上来的。

2　**干脆** : 아예, 차라리

예　这么晚了, 干脆别回去了, 住在这儿吧。
　　放一个星期假, 我们干脆去旅行吧。

3 — **对……熟悉** : ~에 대해 잘 알고 있다

예 我来北京三年了，对北京的情况很熟悉。
我和他刚认识，对他还不太熟悉。

4 — **无论……都……** : ~에도 불구하고, ~와 관계없이

예 无论多贵，我都买。
无论要花一年还是两年，我们都会学下去。

확인해 봅시다
热身练习

01 주어진 어휘를 큰 소리로 읽어 보시오.

1 一套礼服
结婚礼服

2 结婚登记
住宿登记

3 耐心辅导
没有耐心

4 离婚率
出勤率

5 社会现象
自然现象

6 物价上升
气温上升

02 녹음을 듣고 이 과에서 배운 단어를 사용해 빈칸을 채우시오.

1 他太___了，到现在还没有______。

2 这个______照的________很有名。

3 婚礼______的费用是______自己______的。

4 新郎长得很___。

5 我___着北风从学校骑车回家。

6 他总是______找中国学生练口语。

7 家务应该由夫妻一起______。

8 爷爷奶奶接送孩子上学是很______的。

9 中国东部和西部的经济发展不______。

10 这是______的事实。

 첫 번째 녹음을 듣고 질문에 적합한 정답을 고르고 두 번째 녹음을 듣고 따라 읽어 보시오.

1 A. 问他什么时候喝酒　　　　B. 想和他一起喝酒
  C. 问他喜欢什么酒　　　　　D. 问他什么时候结婚

2 A. 他没有工作　　　　　　　B. 不知道他喜不喜欢这个工作
  C. 他喜欢这个工作　　　　　D. 他不会喜欢这个工作

3 A. 男的不想说话　　　　　　B. 男的回来很晚
  C. 男的汽车坏了　　　　　　D. 男的不高兴

4 A. 4 号　　　　　　　　　　B. 6 号
  C. 8 号　　　　　　　　　　D. 9 号

5 A. 他会英语和法语　　　　　B. 他会一点儿法语
  C. 他不会法语　　　　　　　D. 他法语很好

6 A. 她要照顾老人　　　　　　B. 她要照顾孩子
  D. 她要照顾老人和孩子　　　D. 她把老人和孩子照顾得很好

본문　Ⅰ

01 본문 1과 질문을 듣고 정답을 고르시오.

1　A. 喝酒　　　　　　　　　B. 给女儿介绍对象
　　C. 参加婚礼　　　　　　　D. 恭喜自己

2　A. 已经结婚了　　　　　　B. 还没有男朋友
　　C. 对男朋友要求很高　　　D. 很想有个男朋友

3　A. 着急　　　　　　　　　B. 高兴
　　C. 紧张　　　　　　　　　D. 没关系

4　A. 工作　　　　　　　　　B. 结婚
　　C. 学习　　　　　　　　　D. 挣钱

5　A. 她觉得工作很重要　　　B. 她觉得结婚晚没关系
　　C. 她儿子是中学老师　　　D. 她想给男的女儿介绍对象

O1 본문 2를 듣고 빈칸을 채우시오.

1 10001块钱的改口费意思是____________。

2 6699块钱的改口费意思是____________、____________。

O2 본문 2를 듣고 서로 관련있는 것끼리 연결하시오.

1 故事一   **a** 两个人的婚礼

2 故事二   **b** 个性化的婚礼

3 故事三   **c** 传统婚礼

01 본문 3을 듣고 옳고 그름을 판단하시오.

1 王奶奶的孙子每个周末都要去学钢琴。(   )

2 钢琴课每次两个小时。(   )

3 王奶奶和孙子从一开始就一起学钢琴。(   )

4 王奶奶一直很喜欢音乐。(   )

5 王奶奶是班里最老的学生。(   )

6 王奶奶的孙子以前不太喜欢练琴。(   )

7 王奶奶的孙子喜欢教奶奶练琴。(   )

01 본문 4와 질문을 듣고 정답을 고르시오.

1 A. 帮孩子学习　　　　　　B. 洗衣服
　　C. 做饭　　　　　　　　　D. 打扫房间

2 A. 大部分是农村人　　　　B. 大部分年龄比较小
　　C. 为主人分担很多家务　　D. 很有耐心

3 A. 每天工作一小时
　　B. 有时候工作时间长，有时候工作时间短
　　C. 工作的时间是一定的
　　D. 每天从早上到晚上工作

4 A. 大部分是农村人　　　　B. 不会用洗衣机
　　C. 做饭不好吃　　　　　　D. 在大城市已经很流行

본문 5

01 본문 5 를 듣고 옳고 그름을 판단하시오.

1 朋友见面问"离了吗？"，是因为知道对方要离婚。（ 　 ）

2 现在离婚的人比 10 年前多。（ 　 ）

3 90 年代初的离婚率为 13%。（ 　 ）

4 北京的离婚率比全国平均数高 12% 左右。（ 　 ）

5 农村人比较容易离婚。（ 　 ）

6 35 岁左右的人比较容易离婚。（ 　 ）

» **耳不听，心不烦**
ěr bù tīng, xīn bù fán
» 모르는 게 약이다

» **大海捞针**
dà hǎi lāo zhēn
» 서울에서 김서방 찾기

» **种瓜得瓜，种豆得豆**
zhòng guā dé guā, zhòng dòu dé dòu
» 콩 심은데 콩 나고 팥 심은데 팥 난다

» **一个巴掌拍不响**
yí ge bāzhang pāi bù xiǎng
» 손바닥도 마주쳐야 소리가 난다

» **一知半解**
yì zhī bàn jiě
» 수박 겉 핥기

» **爱屋及乌**
ài wū jí wū
» 아내가 사랑스러우면 처갓집 말뚝보고도 절을 한다

» **虎死留皮，人死留名**
hǔ sǐ liú pí, rén sǐ liú míng
» 호랑이는 죽어서 가죽을 남기고 사람은 죽어서 이름을 남긴다

体育运动

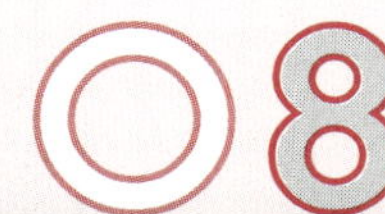

새로 나온 단어

洛杉矶	Luòshānjī	고유	로스엔젤레스
届	jiè	양	(정기적인 회의, 졸업년차의) 회, 기
决赛	juésài	명	결승전
点球	diǎnqiú	명	페널티킥
失利	shīlì	동	패배하다, 지다
依然	yīrán	부	여전히, 전과 다름없이
射	shè	동	쏘다, 발사하다
扑出	pū chū		~를 안에 들이지 않다, 막아내다
巴西	Bāxī	고유	브라질
击败	jībài	동	격파하다, 패배시키다
挪威	Nuówēi	고유	노르웨이
职业	zhíyè	명	직업
没劲	méijìn	형	흥미가 없다, 무미건조하다
灵巧	língqiǎo	형	민첩하고 교묘하다, 솜씨가 뛰어나다
肯	kěn	동	~를 하고 싶다, 원하다
动脑子	dòng nǎozi		머리를 쓰다
英雄所见略同	yīngxióng suǒ jiàn lüè tóng		영웅의 견해는 대체로 일치한다
圈	quān	명	원, 동그라미
放松	fàngsōng	동	늦추다, 느슨하게 하다
脾气	píqi	명	성격, 기질
假如	jiǎrú	접	만약
合群	héqún	형	사람들과 잘 어울린다

胆小	dǎnxiǎo	형	겁이 많다, 소심하다
犹豫不决	yóu yù bù jué	성	우유부단하다
果断	guǒduàn	형	과단성이 있다
急躁	jízào	형	조급하게 서두르다
冲动	chōngdòng	형	충동적이다, 흥분하다

1

A 以……失利 : A가 ～로 (게임에) 지다

A 与 B 以……踢平 : A와 B가 ～로 (게임에) 비기다

A 以……击败 B : A가 ～로 (게임에서) 이기다

예　昨晚的比赛北京队以 91：92 失利。

　90 分钟比赛后，中国队与美国队以 0：0 踢平。

　在刚刚结束的半决赛中，大连队以 3：2 击败上海队。

2

对……着迷 : ～에 대하여 푹 빠지다

예　小王对香港功夫片很着迷。

　别看我爷爷已经七十多岁了，可他对足球比赛特别着迷。

3

……真不简单 : ～하니 대단하다

예　他才 4 岁就能认这么多汉字，真不简单！

　这么难的问题都能回答，真不简单！

4 ……对……有影响 : ～에 대해 영향이 있다

> 예 父母的爱好习惯对孩子会有很大影响。
> 听说这种药有副作用，会对眼睛有影响。

확인해 봅시다
热身练习

01 주어진 어휘를 큰 소리로 읽어 보시오.

1 职业棒球
  职业运动员

2 肯动脑子
  不肯努力

3 放松身体
  放松一下

4 坏脾气
  脾气急躁

5 转一圈
  跑一圈

6 依然年轻
  依然美丽

02 녹음을 듣고 이 과에서 배운 단어를 사용해 빈칸을 채우시오.

1 他________了一个必进的________。

2 十年过去了，她________是那么年轻。

3 这种电影最________，又没内容，又慢吞吞的。

4 他很胖，可是动作很________。

5 他做事不__________，别人怎么说他怎么做。

6 练太极拳身体不能紧张，要_______。

7 小王______很急，做事容易_______。

8 _______那个球射进去了，我们就是第一名了。

9 他性格内向，不喜欢说话，有点儿不_______。

10 哥哥处理问题很_______，弟弟总是__________。

 첫 번째 녹음을 듣고 질문에 적합한 정답을 고르고 두 번째 녹음을 듣고 따라
읽어 보시오.

1　A. 广东队赢了今天的比赛　　　B. 上海队赢了今天的比赛
　　C. 广东队可能会赢　　　　　　D. 上海队可能会赢

2　A. 他四五岁的时候开始玩游戏机
　　B. 他现在老了，不喜欢玩游戏机了
　　C. 他已经很老了，还喜欢玩游戏机
　　D. 40 岁以后不应该玩游戏机

3　A. 他不简单　　　　　　　　　　B. 他说的话不简单
　　C. 他说的话很容易听懂　　　　　D. 他说得太快，不容易听懂

4　A. 两个人的想法一样　　　　　　B. A 想到这个主意后告诉了 B
　　C. 两个人都是英雄　　　　　　　D. 两个人一起说出了这个主意

5　A. 他晚上不容易睡着　　　　　　B. 他今天的比赛不好
　　C. 他今天的比赛很好　　　　　　D. 他今天的比赛可能会不如平时

본문 Ⅰ

O1 본문 1과 질문을 듣고 정답을 고르시오.

1 A. 第一届、第二届　　　　　　B. 第一届、第三届
　C. 第二届、第三届　　　　　　D. 第一届、第二届、第三届

2 A. 1999 年 4 月 4 日　　　　　B. 1999 年 4 月 10 日
　C. 1999 年 7 月 4 日　　　　　D. 1999 年 7 月 10 日

3 A. 第一个　　　　　　　　　　B. 第二个
　C. 第三个　　　　　　　　　　D. 第四个

4 A. 是历史最好成绩　　　　　　B. 是在世界杯赛上的最好成绩

5 A. 电视新闻　　　　　　　　　B. 广播新闻
　C. 报纸新闻

본문 2

○1 본문 2를 듣고 옳고 그름을 판단하시오.

1 在美国看棒球比赛跟过节一样热闹。(   )

2 坐在女的旁边的美国人年龄比较大。(   )

3 坐在女的旁边的美国人有个儿子是棒球运动员。(   )

4 男的觉得棒球比赛没有意思。(   )

5 男的很喜欢看足球比赛。(   )

6 女的觉得棒球比足球"和平"。(   )

7 日本、韩国的棒球水平都很高。(   )

○2 본문 2를 듣고 빈칸을 채우시오.

棒球是很适合中国人的一项运动，它比较"和平"，不像足球，所以它不一定需要___________，只要___________，_________，__________就可以了。

01   본문 3을 듣고 옳고 그름을 판단하시오.

1 两个人都对中国功夫感兴趣。(　　)

2 会功夫的人遇到坏人的时候可以保护自己。(　　)

3 男的不想学太极拳是因为太极拳太慢。(　　)

4 太极拳的动作比较慢，所以遇到坏人时没有用。(　　)

5 太极拳的动作就好像画圈，不太难。(　　)

6 女的觉得男的不一定能学好太极拳。(　　)

7 练太极拳的时候，心里不能想着别的事情。(　　)

8 如果你不想性格这么急躁，可以练练太极拳。(　　)

9 "英雄所见略同" 的意思是我们的想法一样，所以我们都是英雄。(　　)

01 본문 4를 듣고 서로 관련있는 것끼리 연결하시오.

不同性格的人应该做什么运动？

　　　　　　　　　　　　　a 游泳

1 不合群　　　　　　　　b 网球

　　　　　　　　　　　　　c 篮球

2 胆小　　　　　　　　　d 太极拳

　　　　　　　　　　　　　e 排球

3 犹豫不决　　　　　　　f 滑冰

　　　　　　　　　　　　　g 羽毛球

4 急躁　　　　　　　　　h 下棋

　　　　　　　　　　　　　i 乒乓球

새로 나온 단어

扫兴	sǎoxìng	동	흥이 깨지다
气象信息台	qìxiàng xìnxītái		기상 정보 센터
提供	tígòng	동	제공하다
过奖	guòjiǎng	동	지나치게 칭찬하다
限制	xiànzhì	동	제한하다, 한정하다
操心	cāo xīn		걱정하다, 마음을 쓰다
软卧	ruǎnwò	명	(주로 기차의) 부드러운 침대
一举两得	yì jǔ liǎng dé	성	일거양득
举世闻名	jǔ shì wén míng	성	세상에 널리 이름나다
批准	pīzhǔn	동	비준하다, 허가하다
设立	shèlì	동	세우다, 설립하다
赠给	zènggěi	동	~에게 증정하다
享有	xiǎngyǒu	동	즐기다, 누리다
声誉	shēngyù	명	명성, 명예
垃圾	lājī	명	쓰레기
生态	shēngtài	명	생태
迁出	qiānchū	동	옮기다, 이전하다
前者	qiánzhě	명	전자, 앞의 것
各有所长	gè yǒu suǒ cháng	성	각각 다 자기 장기(특성)를 가지고 있다
竞争	jìngzhēng	명 동	경쟁, 경쟁하다
激烈	jīliè	명	격렬하다, 치열하다
美中不足	měi zhōng bù zú	성	옥에도 티가 있다

1 **说的也是**。: 그건 그래.

상대방의 관점에 동의함을 나타내는 표현으로 주로 구어체에 쓰인다.

예 A: 星期天去人太多了。
　　B: 说的也是。还是星期一下午去吧。

2 **一是**……，**二是**……: 첫째는 ～이며, 둘째는 ～이다

예 他很少出去旅行，一是因为没有时间，二是因为没有钱。

3 **随着** : ～함에 따라서

예 随着生活水平的提高，节假日出门旅游的人越来越多。

4 **前者**……，**后者**…… : 전자는 ～이고, 후자는 ～이다

예 泰山和黄山都是中国的名山，前者位于山东省，后者位于安徽省。

01 주어진 어휘를 큰 소리로 읽어 보시오.

1 提供帮助
提供信息

2 发布消息
发布信息

3 设立保护区
设立森林公园

4 恢复健康
恢复自然

5 污染环境
减少污染

6 竞争很激烈
激烈的竞争

02 녹음을 듣고 이 과에서 배운 단어를 사용해 빈칸을 채우시오.

1 ＿＿＿＿＿＿＿＿的电话号码是 221。

2 张家界是国务院＿＿＿＿ ＿＿＿＿的中国第一个国家森林公园。

3 黄山是＿＿＿＿＿＿的风景区。

4 张家界景色优美，在国际上也＿＿＿＿极高的＿＿＿＿。

5 参加旅行团，买票的事不用自己＿＿＿＿。

6 许多大城市的生活＿＿＿＿问题都很严重。

7 旅行社之间的竞争十分＿＿＿＿。

8 坐＿＿＿＿太贵了，不划算。

9 那个地方没什么可看的，＿＿＿＿别去了。

10 因为修建了很多工厂，这里的＿＿＿＿＿＿＿环境受到了严重的破坏。

 첫 번째 녹음을 듣고 질문에 적합한 정답을 고르고 두 번째 녹음을 듣고 따라
읽어 보시오.

1 A. 喜欢这样的天气　　　　　　B. 不喜欢这样的天气
　　C. 以前没见过这样的天气　　　D. 很高兴

2 A. 受到了别人的表扬　　　　　B. 受到了别人的批评
　　C. 正在表扬别人　　　　　　　D. 正在批评别人

3 A. 更喜欢坐软卧　　　　　　　B. 更喜欢坐硬卧
　　C. 不坐软卧也不坐硬卧　　　　D. 还没拿定主意

4 A. 他们俩有同样的优点
　　B. 他们俩有同样的缺点
　　C. 他们俩每个人都有自己的优点
　　D. 说话人想知道他们的优点和缺点

5 A. 很不好，因为天气不好
　　B. 别的方面都很好，只有天气不太好
　　C. 去的地方很美，可是天气不好
　　D. 去的地方不美，天气也不好

6 A. 说话人更喜欢泰山
　　B. 说话人更喜欢黄山
　　C. 说话人既喜欢泰山也喜欢黄山
　　D. 说话人既不喜欢泰山也不喜欢黄山

7 A. 喜欢旅游　　　　　　　　　B. 不喜欢旅游
　　C. 喜欢旅游，但是没有时间　　D. 喜欢旅游，而且每次去两个地方

본문 I

01 본문 1을 듣고 다음 물음에 답하시오.

1 约翰周末有什么计划？
»

2 张家界是一个什么样的地方？
»

3 约翰为什么跟老师请假？
»

4 最近天气怎么样？
»

5 约翰担心什么？
»

6 最近张家界的天气怎么样？
»

7 怎样才能知道张家界的天气情况？
»

8 气象信息台可以提供哪些气象信息？
»

9 "中国通" 是什么意思？
»

본문 2

○1 본문 2와 질문을 듣고 정답을 고르시오.

1 A. 跟朋友一起去旅行　　　　　B. 一个人去旅行
　　C. 跟旅行团去旅行　　　　　　D. 跟玛丽一起去旅行

2 A. 旅行团太贵
　　B. 参加旅行团什么都得自己操心
　　C. 跟旅行团旅游不自由
　　D. 不知道旅行团有什么限制

3 A. 一个人去旅行　　　　　　　B. 跟旅行团去旅行
　　C. 坐飞机去旅行　　　　　　　D. 坐火车去旅行

4 A. 我没有主意　　　　　　　　B. 我还没决定
　　C. 我的主意可能不太好　　　　D. 我希望你帮我出主意

5 A. 买飞机票　　　　　　　　　B. 买火车票
　　C. 报名参加旅行团　　　　　　D. 不知道

○2 본문 2를 듣고 빈칸을 채우시오.

玛丽建议约翰________，而且____________________。一是因为

____________________，二是因为____________________

__________，既可以________，又可以____________________

__________。

01　본문 3과 질문을 듣고 정답을 고르시오.

1　A. 三个多小时　　　　　　B. 三个小时
　　C. 不到三个小时　　　　　D. 两个小时

2　A. 从北京西站乘 147 次列车
　　B. 从北京东站乘 417 次列车
　　C. 从北京西站乘 417 次列车
　　D. 从北京站乘 147 次列车

3　A. 河南省西北部　　　　　　B. 河南省西部
　　C. 湖南省西北部　　　　　　D. 湖南省西部

4　A. 因为张家界是中国第一个国家森林公园
　　B. 因为那里山奇、水秀，景色优美
　　C. 因为张家界的景色如诗如画
　　D. 因为那里景色优美，还有许多珍贵的动物和植物

5　A. 生活垃圾越来越多
　　B. 游客越来越多，要修更多的宾馆
　　C. 生态环境受到更大的影响
　　D. 风景区内没有居民和宾馆

02　본문 3을 듣고 다음 물음에 답하시오.

张家界市为什么决定在五年内把风景区内所有的居民和宾馆迁出？

　》

○1 본문 4를 듣고 옳고 그름을 판단하시오.

1 团体游一定比自助游省钱。（　　）

2 如果计划得好，自助游可能更省钱。（　　）

3 如果是同样的条件，自助游肯定比团体游花钱多。（　　）

4 如果对交通工具、吃、住要求比较高，应该选择自助游。（　　）

5 自助游一切都得自己操心，比较累。（　　）

6 团体游比自助游的好处更多。（　　）

○2 본문 4를 듣고 다음 물음에 답하시오.

1 分别谈谈团体游和自助游的优点和缺点。
»

2 自助游可以怎样省钱？
»

疾病与治疗

새로 나온 단어

咽	yàn	동	삼키다, 넘기다
失眠	shīmián	명동	불면증, 잠을 이루지 못하다
过度	guòdù	형	지나치다, 과도하다
外界	wàijiè	명	외부, 외계
干扰	gānrǎo	동	방해하다, 교란시키다
良好	liánghǎo	형	양호하다, 좋다
睡眠	shuìmián	동	잠을 자다
引起	yǐnqǐ	동	야기하다, 주의를 끌다
头晕	tóuyūn		현기증
耳鸣	ěrmíng		이명, 귀울음
记忆力	jìyìlì	명	기억력
症状	zhèngzhuàng	명	증상, 증세
医学	yīxué	명	의학
气色	qìsè	명	기색, 안색, 혈색
脉搏	màibó	명	맥박
结合	jiéhé	동	결합하다
植物	zhíwù	명	식물
矿物	kuàngwù	명	광물
流感	liúgǎn	명	유행성 감기
病床	bìngchuáng	명	병상
苏格兰	Sūgélán	고유	스코틀랜드
缺少	quēshǎo	동	모자라다, 결핍되다

取消	qǔxiāo	동	취소하다, 제거하다
患者	huànzhě	명	환자
统计	tǒngjì	동	계산하다, 통계내다, 합산하다

주요 구문 格式与范句

1 — 要不然 : 그렇지 않다면

예 快一点儿，要不然就来不及了。
他以前是滑冰运动员，要不然怎么会请他当教练？

2 — 由……引起 : ～으로 말미암아 야기되다

예 这场大火是由一个小烟头引起的。
由一篇文章引起了这场辩论。

3 — 受欢迎 : 환영을 받다

예 这个菜很受欢迎。
陈老师讲课生动，很受学生欢迎。

4 — 不得不 : 어쩔수 없이, 부득이하게

예 因为没买到飞机票，我不得不坐火车。
妻子出差一星期，我不得不自己做饭。

热身练习

01 주어진 어휘를 큰 소리로 읽어 보시오.

1 过度紧张
  紧张过度

2 成绩良好
  条件良好

3 记忆力好
  记忆力差

4 缺少经验
  缺少关心

5 取消会议
  取消航班

6 气色很差
  气色不错

02 녹음을 듣고 이 과에서 배운 단어를 사용해 빈칸을 채우시오.

1 我嗓子疼，____不下去。

2 他这么年轻就有_______的毛病。

3 受日语的_______，这个音我老发不好。

4 最近我_______不好，白天总是没精神。

5 我一坐飞机就_______、_______。

6 咳嗽、头疼都是感冒的_______。

7 吃了这种药，你的_______好多了，_______跳得也不那么快了。

8 因为大雾，这趟航班被_______了。

9 住在这个病房的都是癌症_______。

10 据＿＿＿，今年的留学生数量比去年增加了 10%。

03 첫 번째 녹음을 듣고 질문에 적합한 정답을 고르고 두 번째 녹음을 듣고 따라
읽어 보시오.

1 A. 他是老师 　　　　　　　　B. 他们家的人都在一个学校工作
　　C. 当老师是他们家的传统 　　D. 他们家有 10 个人当老师

2 A. 不知道谁输谁赢
　　B. 如果我年轻一点儿，可能我会赢
　　C. 现在我老了
　　D. 这次是我输了

3 A. 他欢迎观众 　　　　　　　B. 观众出去欢迎他
　　C. 他看见观众很高兴 　　　 D. 观众都很喜欢他

4 A. 他不喜欢照顾孩子 　　　　B. 他很忙
　　C. 孩子喜欢去幼儿园 　　　 D. 他觉得孩子在幼儿园最好

5 A. 头疼 　　　　　　　　　　B. 嗓子疼
　　C. 耳鸣 　　　　　　　　　　D. 发烧

본문 Ⅰ

01 본문 1을 듣고 옳고 그름을 판단하시오.

1 男的感冒很厉害，所以吃了药。（　　　）

2 男的觉得感冒是小病。（　　　）

3 男的觉得治感冒打球比吃药更好。（　　　）

4 感冒的时候运动，身体会更好。（　　　）

5 如果感冒的时候常常运动容易得心脏病。（　　　）

6 感冒的时候洗洗澡、出点儿汗，病好得更快。（　　　）

7 关于感冒女的知道得很多，因为她是医生。（　　　）

8 女的家几代人都是医生。（　　　）

01 본문 2와 질문을 듣고 정답을 고르시오.

1 A. 她嗓子疼   B. 药很苦
    C. 她喜欢喝牛奶   D. 牛奶比水好喝

2 A. 她身体很好   B. 她常常生病
    C. 她知道不能用牛奶吃药   D. 她觉得用牛奶吃药没关系

3 A. 他是医生   B. 他吃药的时候不喝牛奶
    C. 他觉得女的病得很严重   D. 他不喜欢喝牛奶

4 A. 茶   B. 纯净水
    C. 酒   D. 可乐

본문 3

01 본문 3을 듣고 빈칸을 채우시오.

1 失眠一般是因为＿＿＿＿＿＿＿ 、＿＿＿＿＿＿＿＿＿和

＿＿＿＿＿＿＿。

2 失眠的症状有: 上床后＿＿＿＿＿＿＿，或者虽然＿＿＿＿＿

＿＿＿，但＿＿＿＿＿＿＿＿＿，＿＿＿＿＿＿＿＿；

有的表现为＿＿＿＿＿＿。

3 失眠常常会引起＿＿＿、＿＿＿、＿＿＿＿＿等症状。

01 본문 4를 듣고 빈칸을 채우시오.

1 "望" 就是______________，"闻" 就是________________，
"问" 就是______________，"切" 就是______________。然后
再结合________________________________，给病人开出
药方。

2 中药是用_____、_____和_____ 做成的，其中_____最多。

본문 5

01 본문 5를 듣고 옳고 그름을 판단하시오.

1 这是 2000 年第一场流感。(　　　)

2 受这次流感影响的国家有美国、加拿大和英国。(　　　)

3 这次患流感的人大约有 10300 人。(　　　)

4 很多人得了流感也不去医院。(　　　)

5 因为很多医生也病了，苏格兰医院取消了很多手术。(　　　)

6 政府的统计不准确是因为怕人们担心。(　　　)

» **皇天不负苦心人**
huángtiān bú fù kǔxīnrén
  » 하늘은 스스로 돕는 자를 돕는다

» **狗拿耗子，多管闲事**
gǒu ná hàozi, duō guǎn xiánshì
  » 남의 잔치에 감 놓아라 배 놓아라 한다

» **口是祸之门**
kǒu shì huò zhī mén
  » 입이 방정이다

» **大白天说梦话**
dà báitian shuō mènghuà
  » 자다가 봉창 두드린다

» **打一巴掌揉三揉**
dǎ yì bāzhang róu sān róu
  » 병 주고 약 주기

» **良药苦口利于病，忠言逆耳利于行**
liáng yào kǔ kǒu lì yú bìng, zhōng yán nì ěr lì yú xíng
  » 좋은 약은 입에 쓰다

» **三天打鱼，两天晒网**
sān tiān dǎ yú, liǎng tiān shài wǎng
  » 작심삼일이다

새로 나온 단어

面试	miànshì	동	면접하다
人选	rénxuǎn	명	인선, 선출된 사람
求职	qiúzhí	동	직업을 구하다
职位	zhíwèi	명	직위, 직책
事先	shìxiān	부	사전에
主考官	zhǔkǎoguān	명	시험관
简历	jiǎnlì	명	약력
以便	yǐbiàn	접	~하기에 편하도록
信息	xìnxī	명	정보, 소식
姿势	zīshì	명	자세, 모양
显得	xiǎnde	동	드러나다, 나타나다
打断	dǎduàn	동	끊다, 잘라버리다
招聘	zhāopìn	동	초빙하다, 초대하다
自信	zìxìn	명	자신감
经营	jīngyíng	동	경영하다, 운영하다
业务	yèwù	명	업무, 일
因特网	yīntèwǎng	명	인터넷
主页	zhǔyè	명	홈페이지
提醒	tíxǐng	동	일깨우다, 환기시키다
优点	yōudiǎn	명	강점, 장점
缺点	quēdiǎn	명	약점, 단점
签	qiān	동	서명하다

合同	hétong	명	계약서
后悔	hòuhuǐ	동	후회하다
冒险	màoxiǎn	동	모험하다, 위험을 무릅쓰다
对口	duìkǒu	동	쌍방의 희망조건이 일치하다
待遇	dàiyù	명	대우
硕士	shuòshì	명	석사
博士	bóshì	명	박사
赌	dǔ	동	도박하다, 내기하다
人才	réncái	명	인재
研究生	yánjiūshēng	명	대학원생
公关	gōngguān	명	대외 업무
熟练	shúliàn	형	숙련되어 있다, 능숙하다
策划	cèhuà	동	기획하다
大型	dàxíng	형	대형의
部门	bùmén	명	부문, 부서, 분과

주요 구문 格式与范句

1 **……目的是为了……** : ~의 목적은 ~를 하기 위한 것이다

예 我学汉语的目的是为了将来在中国办公司。
小王每天跑步的目的是为了减肥。

2 **以便** : ~하기에 편하도록

예 请把你的电话号码告诉我，以便有事通知你。
我想跟中国人住在一起，以便有更多的机会练习口语。

3 — **引起……的注意** : ～의 주의를 끌다.

> 예 这个孩子从来不和别的同学一起玩，引起了老师的注意。
> 她个子又高，人又胖，一出场就会引起大家的注意。

4 — **万一** : 만일

> 예 万一下雨，还去不去？
> 要是万一找不到旅馆，你可以去找小王。

확인해 봅시다
热身练习

01 주어진 어휘를 큰 소리로 읽어 보시오.

1 理想的人选
  合适的人选

2 招聘教师
  招聘会

3 喜欢冒险
  冒险运动

4 赌钱
  赌牌

5 高级人才
  专门人才

6 大型体育场
  大型展览会

02 녹음을 듣고 이 과에서 배운 단어를 사용해 빈칸을 채우시오.

1 有30多名＿＿＿＿者参加了＿＿＿＿。

2 我在__________上发了自己的______。

3 她说话的声音越来越小，显得很没有______。

4 我是她最好的朋友，很了解她有哪些______、______。

5 妈妈常常______我注意看书写字的______。

6 ______别人说话是很不礼貌的。

7 这个公司的______不错，而且______发展也很快。

8 我很______没听别人的建议。

9 小王______毕业以后，想继续读______。

10 这次活动是由他们两个人______的。

03 첫 번째 녹음을 듣고 질문에 적합한 정답을 고르고 두 번째 녹음을 듣고 따라 읽어 보시오.

1 A. 他已经知道这件事了
  B. 他刚知道这件事
  C. 他觉得这件事很重要
  D. 他觉得这件事很重要，应该早告诉他

2 A. 他很年轻   B. 他不年轻
  C. 这件衣服很漂亮   D. 这件衣服颜色很好

3 A. 这个比赛很重要   B. 他很紧张
  C. 为什么紧张   D. 不需要这么紧张

4 A. 这个介绍只有一份   B. 这个介绍是中文的
  C. 这个介绍是英文的   D. 这个介绍有中文的，也有英文的

5 A. 打排球   B. 打太极拳
  C. 高山滑雪   D. 打乒乓球

본문 Ⅰ

1 본문 1을 듣고 빈칸을 채우시오.

面试的目的是为了___________________________，

为了___________________________。

2 본문 1을 듣고 다음 물음에 답하시오.

1 面试之前，求职者应该做那些准备？
»

2 面试的时候，求职者应该注意什么？
»

3 面试结束时，求职者应该怎么做？
»

○1   본문 2와 질문을 듣고 정답을 고르시오.

1 A. 在中国找工作　　　　　B. 写简历
   C. 玩电脑　　　　　　　　D. 学习汉语

2 A. 自信　　　　　　　　　B. 很高兴
   C. 有点儿紧张　　　　　　D. 不知道怎么办

3 A. 写汉语简历　　　　　　B. 写英语简历
   C. 多复印几份简历　　　　D. 了解公司的情况

4 A. 打电话问公司
   B. 给公司写信，要这方面的材料
   C. 问问公司的职员
   D. 多看报纸、电视

5 A. 自己有很多缺点　　　　B. 还没有准备好
   C. 汉语水平不够高　　　　D. 别人听不懂他的话

6 A. 应该再学习十年汉语　　B. 想再和王老师谈谈
   C. 觉得谈话很有帮助　　　D. 发现自己的很多优点

01 본문 3을 듣고 옳고 그름을 판단하시오.

1 男的去了二十多个单位面试，都没有结果。（　　）

2 女的觉得那个单位不理想。（　　）

3 男的觉得女的应该签合同。（　　）

4 他们学的专业不太容易找到工作。（　　）

5 两个人都是硕士毕业生。（　　）

6 女的有点儿后悔没签合同。（　　）

7 女的打算继续学习。（　　）

02 본문 3을 듣고 다음 물음에 답하시오.

1 他们找工作难的主要原因是什么？
　»

2 他们理想的工作单位是什么样的？
　»

01 본문 4를 근거로 아래의 표를 채우시오.

职位	
年龄	
具体要求	

健康

새로 나온 단어

瞎	xiā	부	되는 대로, 함부로
清新	qīngxīn	명	맑고 신선하다, 참신하다
科学	kēxué	명	과학
根据	gēnjù	명	근거
吸	xī	동	마시다, 들이쉬다
氧气	yǎngqì	명	산소
呼	hū	동	내쉬다
二氧化碳	èryǎnghuàtàn	명	이산화탄소
引发	yǐnfā	동	일으키다, 야기하다
生物钟	shēngwùzhōng	명	생명활동의 주기적 리듬시계
反正	fǎnzhèng	부	어쨌든, 어차피
心理	xīnlǐ	명	심리
定义	dìngyì	명	정의
安宁	ānníng	명	평온하다, 안정되다
状态	zhuàngtài	명	상태
促进	cùjìn	동	촉진시키다
重视	zhòngshì	동	중시하다
情绪	qíngxù	명	정서, 기분
心理学家	xīnlǐxuéjiā	명	심리학자
喜悦	xǐyuè	명	기뻐하다
悲伤	bēishāng	명	슬퍼하다
焦虑	jiāolǜ	명	가슴을 태우다

紧张	jǐnzhāng	형	긴장하다, 불안해하다
憎恨	zènghèn	동	증오하다, 미워하다
癌症	áizhèng	명	암
恶心	ěxin	형	구역질하다, 매스껍다
控制	kòngzhì	동	제어하다, 통제하다
适度	shìdù	형	적당하다
范围	fànwéi	명	범위
培养	péiyǎng	동	배양하다, 양성하다
自知之明	zì zhī zhī míng	성	자신에 대해 정확히 알다
好胜	hàoshèng	형	승부욕이 강한
逞能	chěngnéng	동	뽐내다, 자랑하다
力不从心	lì bù cóng xīn	성	재능, 능력이 의지를 따르지 못하다
过于	guòyú	부	지나치게, 너무
计较	jìjiào	동	계산하여 비교하다, 따지다
得失	déshī	명	얻은 것과 잃은 것
鸡毛蒜皮	jī máo suàn pí		하찮은 것
发火	fā huǒ		화를 내다
力所能及	lì suǒ néng jí	성	스스로 할 만한 능력이 있다
和睦	hémù	형	화목하다

1 **……着呢**

'형용사+着呢'는 형용사의 정도가 심한 것을 말하며 구어체에서 많이 쓰인다.

예 一到周末、节假日，公园里的人多着呢。
那地方远着呢，骑车可来不及。

2 **不仅……还(而且)……** : ~할 뿐만 아니라 더욱이 ~하다

예 音乐不仅好听，还能帮助治病。
他不仅自己不去，还劝我们也不要去。

3 **反正** : 어쨌든, 어차피

예 不管你怎么说，反正他不答应。
你别着急，反正不是什么要紧的大事。

4 **把……分为** : ~을 나누다

예 旅行社把我们50个人分为三组。
以前的电影简单地把人分为好人和坏人两种。

5 **力不从心** : 재능이나 능력이 의지를 따르지 못하다
力所能及 : 스스로 할 만한 재능이나 능력이 있다

예 以前我游100米没问题，现在老了，有些力不从心了。
应该让孩子做一些力所能及的家务。

01 주어진 어휘를 큰 소리로 읽어 보시오.

1 空气清新
  清新的空气

2 科学家
  科学院

3 情绪不好
  情绪不高

4 控制体重
  得到控制

5 适度运动
  化妆适度

6 家庭和睦
  关系和睦

02 녹음을 듣고 이 과에서 배운 단어를 사용해 빈칸을 채우시오.

1 这些都是＿＿猜，一点儿＿＿＿＿也没有。

2 应该＿＿＿＿ ＿＿＿＿锻炼，情绪锻炼能＿＿＿＿ ＿＿＿＿健康。

3 长时间的＿＿＿＿、＿＿＿＿会＿＿＿＿很多疾病。

4 我一坐船就觉得＿＿＿＿。

5 他的病情已经得到了＿＿＿＿。

6 ＿＿＿＿地喝一点酒，对身体有好处。

7 这所大学＿＿＿＿出了很多著名科学家。

8 她脾气不好，一点儿小事也会＿＿＿＿。

9 他这个人非常＿＿＿＿，做什么事情都想比别人做得好。

10 他的家庭很______。

 첫 번째 녹음을 듣고 질문에 적합한 정답을 고르고 두 번째 녹음을 듣고 따라
읽어 보시오.

1 A. 他一定帮忙

   B. 如果有急事，可以找他帮忙

   C. 有的事他可以帮忙

   D. 他不太愿意帮忙

2 A. 小王是个好人   B. 小王很有能力

   C. 小王喜欢表现自己   D. 不知道小王什么地方好

3 A. 高兴   B. 不满

   C. 称赞   D. 不好意思

4 A. 每天很忙，很累   B. 每天很晚才能休息

   C. 每天要买很多东西   D. 做的都是些没意思的小事

5 A. 他没有烦恼   B. 他了解自己，不给自己压力

   C. 不能做的事他也努力尝试   D. 他事业很成功

본문 I

01 본문 1을 듣고 옳고 그름을 판단하시오.

1 女的身体不好，常常生病。（　　　）

2 男的每天早上叫女的一起锻炼。（　　　）

3 报纸上说早上锻炼不好。（　　　）

4 很多人早上锻炼，因为早上空气好。（　　　）

5 春天的时候，早上六点空气污染最厉害。（　　　）

6 冬天早上锻炼容易生病。（　　　）

7 下午四五点钟空气清新，最适合运动。（　　　）

02 본문 1을 듣고 다음 물음에 답하시오.

为什么早上锻炼不科学？

»

1 본문 2를 듣고 빈칸을 채우시오.

人的情绪分为两大类: 一类是愉快的情绪, 如＿＿＿＿、＿＿＿＿等;

另一类是不愉快的情绪, 如＿＿＿＿、＿＿＿＿、＿＿＿＿、＿＿＿＿等。

2 본문 2를 듣고 옳고 그름을 판단하시오.

1 健康就是指身体健康。（　　）

2 要想长寿, 最重要的就是每天锻炼身体。（　　）

3 情绪锻炼可以使人精神健康。（　　）

4 疾病和人的情绪有很大关系。（　　）

5 不愉快的事情, 应该赶快忘掉。（　　）

3 본문 2를 듣고 다음 물음에 답하시오.

为什么说情绪锻炼比身体锻炼更重要?

○**1** 본문 3을 듣고 생활에서 어떻게 정서단련에 주의를 해야 하는지 예를 들어 설명하시오.

부록

01 校园生活

확인해 봅시다

답안

02

1 秘诀
2 自然
3 开朗，健谈
4 片面
5 地道
6 增长
7 儿化
8 说服力
9 忽视
10 强调

03

1 会说汉语和会教汉语是两回事。
问：这句话的意思是什么？ (B)

2 旅游不但可以锻炼自己，还能让我学到很多课本上学不到的东西。
问：这句话的意思是什么？ (C)

3 受妈妈的影响，玛丽从小就喜欢音乐。
问：从这句话我们可以知道什么？ (A)

4 大卫的发音有问题，他常常把 zh、ch、sh 说成 z、c、s。
问：大卫有问题的发音是 (C)

5 女：从北京到上海要花多长时间？

男：那要看你怎么去了。坐火车要十几个小时，坐飞机用不了两个小时就到了。
问："那要看你怎么去了"是什么意思？ (B)

6 我认为你这样做是得不偿失的。
问：说话人认为 (B)

7 我认为他过分强调了旅游对学习汉语的作用。
问：从这句话我们可以知道说话人的想法是什么？ (C)

리스닝 실전

본문 1

녹음대본

（情景：课间休息的时候，玛丽和约翰一起聊天儿。）

玛丽：约翰，你汉语说得这么好，一定有什么秘诀吧？

约翰：谈不上什么秘诀。如果一定要说的话，就是"四多"。

玛丽："四多"是什么意思？

约翰：就是多听、多说、多看、多玩。

玛丽：多玩？多玩也能学好汉语吗？

约翰：那要看你怎么玩了。

玛丽：你是怎么玩的？

约翰：我交了很多中国朋友，常常和中国朋友一起出去玩。比如买东西、打篮球、参观名胜古迹什么的。这样一来，说汉语的机会自然就多了，还能学到很多课堂上学不到的东西。
玛丽：这的确是个好办法。

(상황:쉬는 시간에 玛丽와 约翰이 이야기를 나누고 있다.)

玛丽:约翰, 네가 중국어를 이렇게 잘 하는데는 분명 어떤 비결이 있겠지?

约翰:비결이라고 할 것까지는 없어. 굳이 말하자면 바로 '四多'야.

玛丽:'四多'가 무슨 뜻이야?

约翰:많이 듣고 많이 말하고 많이 보고 많이 노는 거야.

玛丽:많이 놀아? 많이 노는 것으로 중국어를 잘 배울 수 있어?

约翰:그건 네가 어떻게 노느냐에 달렸지.

玛丽:너는 어떻게 노는데?

约翰:나는 많은 중국친구들을 사귀면서 자주 그들과 함께 놀러 나가. 쇼핑도 하고 농구도 하지. 명승지 같은 곳을 구경가기도 하고. 이렇게 하면 중국어를 할 기회가 자연히 많아지고, 게다가 교실에서 배울 수 없는 많은 것들을 배울 수 있어.

玛丽:그거 정말 좋은 방법이다.

○1

1 约翰的汉语说得怎么样？ (A)

2 约翰学汉语的秘诀是什么？ (D)

3 下面哪一种是约翰的观点？ (D)

4 约翰认为多玩的好处是什么？ (B)

5 关于约翰常和中国朋友一起出去玩, 对话中没有提到的是 (B)

○2

四多, 多听, 多说, 多看, 多玩, 中国朋友, 买东西, 打篮球, 参观名胜古迹, 说汉语的机会, 学到很多课堂上学不到的东西

본문 2

(情景： 玛丽和约翰继续聊天儿。)

玛丽： 我觉得外语学得好坏, 和一个人的性格有很大关系。

约翰： 为什么这么说？

玛丽： 性格外向的人比较开朗、健谈, 所以朋友比较多, 口语水平一般比较高。而性格内向的人一般不爱说话, 喜欢独处, 这样的人往往阅读水平比较高, 口语水平比较低。

约翰： 你说的还真有点儿道理。你看我的性格是内向还是外向？

玛丽： 这很难说。

约翰： 为什么？

玛丽： 我看你和熟人在一起的时候是外向的, 和生人在一起的时候是内向的。

约翰： 既外向又内向, 那我的口语水平和阅读水平一定都很高。

(상황:玛丽와 约翰이 계속 이야기를 나눈다.)

玛丽:나는 외국어를 잘하고 못하는 것은 개인의 성격과 큰 관계가 있다고 생각해.

约翰:왜 이렇게 말하는 거야?

玛丽:성격이 외향적인 사람은 비교적 명랑하고 달도 잘해서 친구도 많은 편이고, 회화수준도 비교적 높아. 그렇지만 성격이 내성적인 사람

은 대개 말하는 걸 좋아하지 않고 혼자 있는 걸
좋아해. 이런 사람들은 대체로 독해수준은 높
지만 회화수준은 낮아.

约翰:네 말 정말 일리가 있다. 네가 보기엔 내 성
격이 외향적이니 내성적이니?

玛丽:말하기 힘든데.

约翰:왜?

玛丽:내가 볼 때 너는 친한 사람과 있을 때는 외
향적이고 낯선 사람과 있을 때는 내성적이야.

约翰:외향적이고 내성적이라면, 그럼 나의 회화
수준과 독해수준은 분명 모두 높을 거야.

답안

◯**1**

1 外语学得好坏和什么有关系？(D)

2 关于性格外向的人，下面的说法哪
一个不正确？(C)

3 关于性格内向的人，下面的说法哪
一个不正确？(B)

4 关于男的性格，下面的说法正确的
是 (C)

5 男的最后一句话意思是 (C)

◯**2**

1 b, d, e

2 a, c, f

본문 3

녹음대본

A: 老师，我发现很多中国人说话的发音
跟我们上课时学的不一样。

B: 这没什么可奇怪的。北京有很多外地
人，他们受方言的影响，普通话说得不
太标准。比如，东北人容易把 zh、ch、

sh 说成 z、c、s，广东人容易把 j、q、
x 说成 g、k、h，四川人 l、n 不分。

A: 我也听说过，中国各地有各地的方
言。可我认识一个出租汽车司机，是地
道的北京人，我觉得他说的话也和老师
上课说的不一样。

B: 可能他说得太快，而且"儿化音"比
较多，这是北京话的特点。

A: 看来，普通话和北京话是两回事啊。

B: 可以这么说。

녹음해석

A:선생님, 저는 많은 중국인들이 말할 때의 발음
이 우리가 수업시간에 배운 것과 다르다는 것
을 발견했어요.

B:그건 당연한 거 란다. 베이징에는 외지사람이
많고 그들은 방언의 영향을 받아 보통화 하는
것이 정확하지 않지. 예를 들어 둥베이사람은
zh, ch, sh를 z, c, s로 말하고 광둥사람은 j,
q, x를 g, k, h로 말하고, 쓰촨사람은 l, n을
구별 못 하지.

A:저도 중국에는 각 지역마다 방언이 있다고 들
었어요. 그런데 제가 아는 택시기사는 베이징
토박이인데, 그 사람이 말하는 것과 선생님이
수업시간에 말하는 것이 다르다고 느꼈어요.

B:아마 그 사람이 말이 너무 빠르고 게다가 '儿
化'음이 비교적 많아서 그럴 거야. 이게 베이징
말의 특징이야.

A:보통화와 베이징말은 다른 거군요.

B:그렇다고 말할 수 있지.

답안

◯**1**

1 很多中国人说话的发音跟学生上课
时学的不完全一样，因为 (C)

120

2 🔈 容易把 zh、ch、sh 说成 z、c、s 的
是 (C)

3 🔈 容易把 j、q、x 说成 g、k、h 的是
(B)

4 🔈 容易把 n 说成 l 的是 (D)

5 🔈 关于北京话和普通话，下面说法正
确的是 (B)

본문 4

녹음대본

女主持人：同学们来中国，主要是为了学
习汉语，当然，也要利用这个机会，参
观一下中国的名胜古迹。如果有人说，
旅游也是学习汉语的一种很好的方法，
你同意吗？下面请听日本同学吉田康一
的演讲《旅游也是一种学习》。（掌声）

吉田康一：同学们，你们好。我今天演
讲的题目是《旅游也是一种学习》。
大家想一想，你来中国以后去旅游过几
次？看过哪些名胜古迹？中国有许多名
胜古迹和历史传说。没有去旅游过的
同学一定会感到非常遗憾。有的朋友
可能会说：“旅游有什么用？既花钱，
又浪费时间，而且还影响我的汉语学
习。”我认为这种看法是片面的。我相
信年轻的朋友，特别是学生，应该迈开
你的双腿去访问历史。旅游有许多优
点，这里只谈两个：一是开阔眼界，增
长知识；二是锻炼自己，提高能力。

녹음해석

여자 사회자:학생 여러분이 중국에 온 것은 주로
중국어를 배우기 위해서 이지만, 이 기회를 이
용해 중국의 명승지도 둘러봐야 합니다. 만약

어떤 사람이 여행도 중국어를 배우는 좋은 방
법이라 한다면 동의하시겠습니까? 이어서 일
본학생 吉田康一의 「여행도 하나의 공부이다」
라는 연설을 듣겠습니다. (박수)

吉田康一 :여러분, 안녕하세요. 제가 오늘 연설
할 제목은 「여행도 하나의 공부이다」입니다.
모두들 생각해 보세요. 여러분은 중국에 온 후
로 몇 번이나 여행을 갔습니까? 어떤 명승지를
봤습니까? 중국에는 많은 명승지와 역사전설
이 있습니다. 여행을 가 보지 못한 친구들은 반
드시 후회할 것입니다. 어떤 친구는 아마 “여
행이 무슨 소용 있어? 돈 들고 시간 낭비하고,
게다가 중국어 공부에도 영향을 끼친다구.”라
고 말할 것입니다. 제가 보기엔 이런 관점은 단
편적입니다. 저는 젊은 친구들, 특히 학생들은
자신의 두 다리로 역사를 둘러봐야 한다고 생
각합니다. 여행에는 많은 장점이 있지만 여기
서는 두 가지만 말하겠습니다. 첫째, 시야를
넓히고 지식을 쌓을 수 있습니다. 둘째, 자신
을 단련시키고 능력을 향상시킬 수 있습니다.

답안

◯1

1 🔈 上面听到的最可能是哪种情况？
(B)

2 🔈 现在演讲的同学是 (C)

3 🔈 他演讲的题目是 (C)

4 🔈 “我认为这种看法是片面的。”这句
话的意思是 (D)

5 🔈 根据课文，下面哪几句话是正确
的？(D)

본문 5

(情景： 听完演讲比赛， 玛丽和约翰一起聊天儿。)

约翰： 玛丽， 你觉得今天的演讲比赛怎么样？

玛丽： 我觉得今天的演讲比赛很成功。 同学们都作了充分的准备， 有的同学的演讲可以说相当精彩。

约翰： 可不是。 我觉得那个日本同学的《旅游也是一种学习》讲得最好， 都是他自己的亲身体会， 很有说服力。

玛丽： 我也觉得他讲得不错。 可是有些观点我不完全同意。

约翰： 你说说看。

玛丽： 我认为他过分强调了旅游对学习汉语的作用， 忽视了课堂学习的重要性。 其实要想学好汉语， 最重要的首先还是应该上好汉语课， 要是为了旅游而耽误了上课， 恐怕是得不偿失的。

约翰： 应该再搞一个辩论比赛。 要是你跟他辩论， 一定更精彩！

녹음해석

(상황:연설대회를 다 듣고 玛丽와 约翰이 이야기를 나눈다.)

约翰:메리야, 네가 느끼기엔 오늘 연설대회가 어땠니?

玛丽:오늘 연설대회는 비교적 성공적이었어. 친구들은 모두 충분히 준비했고, 어떤 친구의 발표는 아주 훌륭했다고 할 수 있지.

约翰:맞아. 내 생각에는 그 일본학생의 「여행도 하나의 공부이다」가 제일 좋은 것 같아. 모두 그의 실제 경험이고 아주 설득력 있었어.

玛丽:나도 그 친구 연설이 괜찮다고 생각해. 하지만 어떤 생각들에는 동의하지 않아.

约翰:말해봐.

玛丽:난 그 친구가 중국어 공부에서 여행의 역할을 지나치게 강조해 학교 수업의 중요성을 무시했다고 생각해. 사실 중국어를 잘 배우려면 먼저 중국어수업을 잘 들어야 해. 만약 여행 때문에 수업을 놓친다면, 아마 득보다는 실이 클 거야.

约翰:다시 토론대회를 해야겠어. 너랑 그 친구랑 토론하면 분명히 더 근사할 거야!

답안

○**1**

1 （○）

2 （×）

3 （×）

4 （×）

5 （×）

6 （×）

7 （○）

8 （×）

9 （○）

10 （×）

○**2**　　　　　　　**饮食**

⁂ 확인해 봅시다

답안

02

1 尽管

2 铁板牛肉

3　发愁

4　主食

5　速冻

6　学以致用

7　搅，搅

8　盛

9　荤，素

10 手艺

03

1　🔊 骑自行车去吧，路太远了；坐出租
车去吧，又太贵了。
问：说话人是什么意思？(C)

2　🔊 小王说去吃韩国菜，小李说去吃日
本菜。最后我们决定听小李的。
问：最后我们决定去吃什么？(B)

3　🔊 这个菜看起来很漂亮，吃起来也一
定很香。
问：说话人觉得这个菜怎么样？
(C)

4　🔊 嗯，色香味俱佳，你的手艺还真不
错。
问：说话人在做什么？(C)

5　🔊 你做什么，我就吃什么，只要别放
醋就行。
问：从这句话我们知道什么？(D)

6　🔊 自己包饺子太麻烦了，还是买速冻
的吧。
问：从这句话我们知道什么？(C)

❖ 리스닝 실전

본문 1

（情景：在饭馆）

服务员：这是菜单，两位吃点儿什么？

男：你想吃什么，尽管点，今天我请客。

女：还是你来点吧，我头一次在这个饭
馆吃饭，不知道有什么好吃的。你点
什么，我吃什么。

男：好吧。你有没有什么不吃的东西？

女：没有，别太辣就行。

男：那来一个铁板牛肉，一个鱼香肉丝，
再来一个香菇菜心，一个清炒西兰花。
两荤两素，你看怎么样？

女：太多了吧？

男：没关系，吃不了打包带回去。主食
吃点儿什么？

女：就吃米饭吧。

男：再来两碗米饭，一瓶啤酒，要"燕
京"的。

服务员：您要了一个铁板牛肉，一个鱼
香肉丝，一个香菇菜心，一个清炒西兰
花，还有两碗米饭，一瓶燕京啤酒。

男：没错儿。麻烦您快点儿，越快越好。

服务员：您稍等，马上就来。

男：谢谢。对了，鱼香肉丝少放点儿辣
椒。

녹음해석

(상황:식당에서)

증업원:메뉴판입니다. 두 분은 무엇을 드시겠습
니까?

남:네가 먹고 싶은 거 얼마든지 시켜. 오늘은 내
가 살게.

여:그래도 네가 주문해. 나는 이 음식점이 처음
이라 어떤 것이 맛있는지 잘 모르겠어. 네가 뭘
시키든 내가 먹을게.

남:좋아. 안 먹는 음식 있니?

여:없어. 너무 맵지만 않으면 돼.

남:그럼 铁板牛肉(쇠고기 철판 볶음 요리) 하나, 鱼香肉丝(돼지고기와 죽순을 가늘게 썰어 볶은 요리) 하나, 香菇菜心(버섯과 야채를 볶은 요리) 하나, 그리고 清炒西兰花(브로콜리를 기름에 볶은 요리) 하나 주세요. 고기요리 두 개, 채소요리 두 개, 네가 보기에 어때?

여:너무 많은데.

남:괜찮아. 다 못 먹으면 포장해 가지. 주식으로 뭐 먹을래?

여:밥으로 먹자.

남:밥 두 공기랑 맥주 한 병 추가해 주세요. 옌징으로요.

종업원:铁板牛肉 하나, 鱼香肉丝 하나, 香菇菜心 하나, 清炒西兰花 하나, 밥 두 공기, 옌징 맥주 한 병을 주문하셨습니다.

남:맞아요. 좀 빨리 주세요. 빠르면 빠를수록 좋아요.

종업원:조금만 기다리세요. 바로 드리겠습니다.

남:감사합니다. 맞다! 鱼香肉丝에는 고추를 조금만 넣어주세요.

답안

◯1

1 这段对话发生在什么地方？ (C)

2 这顿饭谁付钱？ (A)

3 女的为什么让男的点菜？ (C)

4 关于女的，下面哪种说法正确？ (C)

5 下面四个菜，他们没要哪一个？ (B)

6 男的说：“再来两碗米饭，一瓶啤酒，要‘燕京’的。”这句话里的“燕京”是什么意思？ (B)

7 他们一共点了几个菜？ (A)

본문 2

（情景：两个人商量去哪儿吃饭。）

男：我每天都为吃饭的事发愁。

女：吃饭有什么可愁的？

男：去食堂吃吧，虽然很便宜，可是味道不太好；去饭馆吃吧，味道不错，可是价格很贵。要是有个既便宜又好吃的地方就好了。

女：我给你介绍一个又便宜又好吃的地方，怎么样？

男：那可太好了！是什么地方？

女：就在咱们的宿舍楼里。

男：咱们的宿舍楼里？我怎么不知道咱们的宿舍楼里有饭馆？

女：不是饭馆。咱们的宿舍楼里不是每层都有一个公用厨房吗？

男：你的意思是……自己做？

女：对了。自己想吃什么就做什么，而且花钱不多，不是又便宜又好吃吗？

男：话是这么说，可我从来没做过饭。要是我自己做饭，可能很便宜，但肯定不好吃。

女：没做过可以学嘛！这样吧，明天先请你尝尝我的手艺，以后我们可以合作，怎么样？

男：那太好了。我可以跟你学学做饭的手艺。

(상황:두 사람이 어디 가서 밥 먹을지를 상의한다.)

남:나는 매일 먹는 일로 고민해.

여:밥 먹는데 무슨 고민을 해?

남:학교식당에 가서 먹으면 저렴하지만 맛은 별
　　로고, 음식점에서 가서 먹으면 맛은 괜찮은데
　　비싸. 저렴하고 맛있는 곳이 있다면 좋겠어.

여:내가 너에게 저렴하고 맛있는 곳을 소개해 줄
　　게. 어때?

남:그러면 정말 좋지! 어디야?

여:바로 우리 기숙사 안에 있어.

남:우리 기숙사 안이라고? 내가 왜 우리 기숙사
　　안에 음식점이 있는 걸 몰랐지?

여:음식점은 아니야. 우리 기숙사 안에는 층마다
　　공동 주방이 있잖아?

남:네 말은……직접 해 먹는 거?

여:맞아. 자기가 뭘 먹고 싶으면 바로 해 먹으면
　　되고 게다가 돈도 적게 들어. 저렴하고 맛도 있
　　는 것 아니겠어?

남:말은 그렇지만, 난 여태껏 밥을 해 본 적이 없
　　어. 내가 직접 음식을 만든다면 아마 싸겠지만
　　분명 맛은 없을 거야.

여:만들어 본 적이 없으면 배우면 되잖아. 이렇
　　게 하자. 먼저 내일 너에게 내 요리솜씨를 맛
　　보게 해줄게. 그 이후에는 우리 같이 만들어 보
　　자. 어때?

남:그거 정말 좋다. 너의 요리솜씨를 배울 수 있
　　을 테니까.

답안

◯**1**

1 （×）

2 （◯）

3 （×）

4 （×）

5 （×）

6 （×）

7 （◯）

8 （◯）

9 （×）

10 （×）

11 （◯）

12 （◯）

◯**2**

1　a

2　b, e

3　c, d

◯**3**

很便宜，味道不太好，味道不错，价格很
贵，既便宜又好吃

본문 3

女： 王老师，上次在您家里吃的西红柿
　　 炒鸡蛋真不错，可以说是色、香、味俱
　　 佳。是您爱人做的吧？

男： 哪儿啊！是我做的。西红柿炒鸡蛋
　　 是我的拿手菜。

女： 真没想到，您也会做菜。您能教教
　　 我这道菜吗？

男： 当然可以。这是一个家常菜，材料
　　 和做法都很简单。准备两个西红柿和两
　　 个鸡蛋，先把西红柿洗干净，切成块儿
　　 放在盘子里；把鸡蛋打在碗里搅好，再
　　 切一点儿葱花儿备用。然后在锅里倒上
　　 油，烧热，把鸡蛋倒进去，炒一两分钟
　　 盛出来。再往锅里少放一点儿油，烧热
　　 以后放葱花和西红柿，翻炒3到5分钟，
　　 放一点儿盐和味精；如果怕太酸，还可
　　 以放一点儿糖。最后再把鸡蛋倒进去，
　　 翻炒几下就可以了。你看，是不是很简
　　 单？

女：听起来一点儿也不简单。

男：听起来很复杂，做起来连一刻钟都
　　用不了。你回去试试吧。

女：好的。我学会以后，一定请您尝一
　　尝。

녹음해석

여：王 선생님, 지난번에 선생님 댁에서 먹었던
　　西红柿炒鸡蛋(토마토 계란 볶음 요리) 정말 맛
　　있었어요. 색, 향, 맛 어느 것 하나도 나무랄 데
　　가 없던데요. 사모님께서 만드신 건가요?

남：무슨 소리! 내가 만든 거지. 西红柿炒鸡蛋은
　　내가 제일 잘하는 요리야.

여：정말 생각도 못 했어요. 선생님도 요리를 하
　　시네요. 저에게 이 요리 만드는 법을 가르쳐 줄
　　수 있으세요?

남：물론이지. 이것은 집에서 늘 먹는 음식으로,
　　재료와 조리법이 모두 간단해. 토마토 2개와
　　계란 2개를 준비하고 먼저 토마토를 깨끗이 씻
　　고 썰어서 쟁반에 담아둬. 계란은 대접에 깨뜨
　　려 담은 뒤 잘 풀어 젓고 잘게 썬 파를 준비해.
　　그런 후에 솥에 기름을 두르고 뜨겁게 달구어
　　지면 계란을 넣고 1, 2분 정도 볶은 다음 담아
　　내. 다시 솥 안에 기름을 조금 두르고 뜨거워지
　　면 잘게 썬 파와 토마토를 넣고 3분에서 5분
　　정도 뒤집으며 볶다가 소금과 조미료를 넣어
　　줘. 너무 신 것이 싫으면 설탕을 약간 넣어도
　　돼. 마지막으로 다시 계란을 넣고 몇 번 볶으면
　　돼. 어때, 매우 간단하지?

여：듣기에는 전혀 간단하지 않은데요.

남：복잡하게 들리지만, 해 보면 15분도 안 걸려.
　　돌아가서 한번해 봐.

여：좋아요. 제가 할 수 있게 되면 꼭 선생님을 초
　　대해서 맛 보시게 할게요.

답안

○1

1　　男的和女的是什么关系？ (D)

2　　关于男的，下面哪种说法不正确？
　　　(B)

3　　关于女的，下面哪种说法是正的？
　　　(B)

4　　做西红柿炒鸡蛋需要多长时间？
　　　(B)

5　　划出你听到的做菜材料。(味精、
　　　油、盐、葱、糖)

○2

(4) → (1) → (5) → (3) → (6) → (7) → (2)

본문 4

녹음대본

玛丽：约翰，这个星期六晚上你有空儿
　　　吗？

约翰：这个星期六晚上我没什么事。怎
　　　么，你有事吗？

玛丽：王老师让我转告你，如果你有空
　　　儿，他邀请我们去他家里吃饺子。

约翰：是吗？那可太好了！来中国三个
　　　多月，我还没去中国人家里做过客呢，
　　　也没吃过饺子。

玛丽：我倒是吃过，不过是从商店买的
　　　速冻饺子。

约翰：味道怎么样？

玛丽：还不错。我想，中国人家里自己包
　　　的饺子一定更好吃。

约翰：我也这么想。星期六咱们就能亲口
　　　尝一尝了。

玛丽：那我今天晚上就给王老师打电话，

约定见面的时间。七点怎么样？

约翰：好吧。对了，我们是不是应该准备
　　一点儿礼物呢？

玛丽：这我早就想好了。

约翰：送点儿什么？

玛丽：老师给我们上课的时候，不是介绍
　　过吗，现在很多中国人去朋友家做客的
　　时候喜欢送一束鲜花。我们就准备一束
　　鲜花吧。

约翰：你真是学以致用。好吧，就听你
　　的。

玛丽:约翰, 이번 주 토요일 저녁에 시간 있니?

约翰:이번 주 토요일 저녁에 아무 일도 없어. 왜?
　　무슨 일 있어?

玛丽:王 선생님이 너한테 전하라고 하셨어. 네가
　　시간 있으면 선생님댁에서 만두 먹자고 우리
　　를 초대하셨어.

约翰:정말? 그거 정말 잘 됐다. 중국에 온지 3개
　　월이나 지났는데 아직 중국인 집에 초대된 적
　　도 없고 만두도 못 먹어봤어.

玛丽:난 먹어봤지만 상점에서 산 냉동만두였어.

约翰:맛이 어때?

玛丽:괜찮아. 내 생각에는 중국인 집에서 직접
　　빚은 만두가 분명히 더 맛있을 거야.

约翰:나도 그렇게 생각해. 토요일에 우리 직접
　　먹어볼 수 있겠다.

玛丽:그럼, 내가 오늘 저녁 王 선생님께 전화해
　　서 만날 시간을 정할게. 7시 어때?

约翰:좋아. 맞다. 우리 선물 좀 준비해야 하지 않
　　을까?

玛丽:그건 내가 일찌감치 생각해 두었어.

约翰:뭘 드리려고?

玛丽:선생님이 수업시간에 소개하지 않았니? 요

즘 많은 중국인들은 친구집에 초대받고 갈 때
생화 한 다발 주는 것을 좋아한다고. 우리도 생
화 한 다발을 준비하자.

约翰:넌 정말 배운 걸 써 먹는구나. 그래, 네 말
대로 하자.

○1

1　约翰说他这个星期六晚上 (D)

2　玛丽和约翰星期六晚上要做什么？
　　(D)

3　关于玛丽，下面说法中正确的 (B)

4　关于约翰，下面说法中不正确的是
　　(C)

5　玛丽猜想速冻饺子怎么样？(C)

6　关于他们见面的时间，下面的说法
　　正确的是 (B)

7　玛丽和约翰去王老师家带什么礼
　　物？(A)

○3 　　　　　　　　　　　购物

02

1　运

2　购物中心, 开业

3　私家车

4　毕竟

5　销售额, 亿

6 人次

7 投诉

8 争

9 打折

10 假装

1 📷 报纸上说小孩子不能吃太多糖，这
不是没有道理的。
问：这句话是什么意思？(C)

2 📷 买一斤两块，买三斤五块，还是买
三斤划算。
问：这句话是什么意思？(D)

3 📷 今年夏天，这种样子的裙子卖得特
别火。
问：这句话是什么意思？(D)

4 📷 他一顿吃的饭相当于我一天吃的。
问：这句话是什么意思？(A)

5 📷 对于商店来说，顾客就是上帝。
问：这句话的意思是什么？(C)

6 📷 他卖东西总是不够秤，别人买一
斤，他给9两。
问：这句话的意思是什么？(D)

7 📷 他们两个人是一伙儿的。
问：这句话的意思是什么？(B)

🔹 리스닝 실전

본문 1

녹음대본

（情景：两位老人从早市买菜回来。）

A：您每天都去早市买菜呀？

B：是啊。我每天起床第一件事就是去逛
早市。

A：早市上的东西多吗？

B：多，吃的、用的、穿的，什么东西都
有，最多的还是蔬菜和水果。

A：便宜吗？

B：比市场便宜多了，有很多郊区农民直
接把菜运到那儿卖，又便宜又新鲜，还
可以砍价。

A：我老觉得在那种地方买东西不够秤。

B：你可以自己带个小秤啊，这样就不用
担心了。我就有一个。

녹음해석

(상황:두 노인이 아침시장에서 장을 보고 돌아온
다.)

A:매일 아침시장에 가서 장을 봅니까?

B:네. 저는 매일 일어나 제일 먼저 하는 일이 바
로 아침시장을 보는 거죠.

A:아침시장엔 물건이 많습니까?

B:많죠. 먹을 것, 쓸 것, 입을 것, 뭐든지 다 있어
요. 그래도 제일 많은 건 채소와 과일이죠.

A:쌉니까?

B:시장에 비해 싸죠. 교외의 농민이 직접 채소를
운반해 그곳에서 파는데, 값 싸고 신선해요.
가격을 깎는 수도 있고요.

A:저는 늘 그런 곳에서 산 물건들은 중량이 정확
하지 않다고 느껴요.

B:직접 작은 저울을 가져가면 그런 염려는 안 해
도 되죠. 저도 하나 있어요.

답안

◯1

1 (◯)

2 (×)

3 (◯)

4 (◯)

5 （ ○ ）

6 （ × ）

본문 2

녹음대본

在北京的东北角，有一家名为“望京”的购物中心。三年前开业时，不少人担心会有多少人去买东西。这种担心不是没有道理的。在超市买一个礼拜的蔬菜、肉食放进冰箱，哪有天天买的新鲜？再说，有私家车的北京人毕竟是少数。如果打的去购物，虽然东西便宜一点儿，但来回车费好几十元，这样算算，也不一定划算。

没想到，开业后，望京火遍京城。人们对这种货物质量比农贸市场更好而挑选更随意、更自由的购物方式很有兴趣。开业三年多，销售额已超过10亿元人民币，到此购物的达1000万人次，相当于每个北京人来过一次。“我爱去超市购物，”一位中年妇女这样告诉我们，“想买什么就拿什么，真有当了回上帝的感觉。”

녹음해석

베이징의 동북쪽 모퉁이에는 '왕징'이라는 쇼핑센터가 있다. 3년 전 개업했을 때, 적지 않은 사람들은 얼마나 많은 사람이 물건을 살지를 걱정했고, 이런 걱정이 일리가 없는 것은 아니었다. 슈퍼에서는 일주일치 채소와 고기를 냉장고에 넣어두는데, 어떻게 매일 신선한 것을 살 수 있겠는가? 다시 말해, 자가용이 있는 베이징사람은 분명 소수인데, 택시를 타고 쇼핑센터에 간다면 물건이야 조금 싸겠지만 왕복 차비가 몇십 위안이나 들테니, 이렇게 계산하면 꼭 수지가 맞는

것도 아니다.

생각지도 않게 개업한 후에 왕징은 온 베이징에 소문이 퍼졌다. 사람들은 물건의 품질이 재래시장보다 훨씬 좋고 고르기 편하며 자유로운 쇼핑방식에 흥미를 느꼈다. 개업한지 3여 년, 판매액은 이미 10억 위안을 넘어섰고, 이곳에서 물건을 산 고객이 연인원 1000만 명에 달했다. 모든 베이징사람이 한 번씩 왔다간 셈인 것이다. "나는 대형 쇼핑센터에서 쇼핑하기를 좋아해요." 한 중년 부인이 우리에게 이렇게 말했다. "사고 싶으면 집어들기만 하면 되니까 정말 황제가 된 기분이에요."

답안

○1

1 📼 望京开业前，人们有什么担心？ (D)

2 📼 以前，北京人习惯的购物方式是哪一种？ (B)

3 📼 下面哪一种不是人们喜欢去望京购物的原因？ (C)

4 📼 开业三年来，约有多少人来望京购物？ (D)

○2

因为人们对这种货物质量比农贸市场更好，挑选更随意，更自由的物购物方式很有兴趣。

본문 3

녹음대본

（情景：两个朋友争论到底该不该建这么多大商场。）

女：这几年北京新建了很多大商场。

男：这些大商场只能看，不能买。

女：什么意思？

男：太贵了呗！好东西倒是不少，可是一
看价钱，吓死人！很多同样的东西，在
大商场买要贵出差不多一倍。

女：可是大商场的东西质量有保证啊，
要是发现有问题也有地方投诉。我觉
得买东西不能光图便宜，大商场贵是
贵点儿，不过可以花钱买放心。

男：我不跟你争这个。大商场有一点好
处我想很多人都会同意。它环境好，
又有音乐，又有空调，特别是在夏天，
走出一身汗，进去凉快凉快还是不错
的。

녹음해석

(상황:두 친구가 이렇게 많은 큰 상점을 세워야
하는가에 대해 논쟁한다.)

여:요 몇 년 동안 베이징에 큰 상점들이 많이 들
어섰어.

남:이런 큰 상점에서는 볼 수만 있지 살 수는 없
어.

여:무슨 뜻이야?

남:너무 비싸! 좋은 물건은 의외로 적은데, 가격
을 한 번 보면 놀라 죽을 지경이야! 같은 물건
들도 큰 상점에서 사면 거의 2배는 더 주고 사
야 해.

여:그렇지만 큰 상점의 물건은 품질이 보장되잖
아. 어떤 문제가 발견되면 호소할 곳이 있잖
아. 나는 물건을 살 때 그저 싼 것만 봐서는 안
된다고 생각해. 큰 상점들이 비싸기는 비싸지
만 돈을 써도 안심하고 살 수 있어.

남:너와 이런 걸로 논쟁하고 싶지 않아. 큰 상점
의 한 가지 좋은 점은 사람들도 동의할 거야.
그곳의 환경은 좋아. 음악도 있고 에어컨도 있

고 특히 여름에 걷다가 땀범벅이 되었을 때 그
곳에 들어가면 더위를 식힐 수 있으니 그건 괜
찮지.

답안

1

1 女的为什么喜欢去大商场？（C）

2 关于男的，下边哪一种说法正确？
（D）

3 关于大商场，下边哪一种意思没有
提到？（A）

4 "花钱买放心"是什么意思？（C）

본문 4

녹음대본

(情景：商店里，一个顾客要求换毛衣。)

A：小姐，这是我上个月在你们这儿买的
毛衣，洗了一次就缩水了。

B：带发票了吗？

A：带了。能不能换一件？

B：对不起，您这是在我们打折的时候买
的，不能换。

A：为什么不能换？你们这儿写着"质量
问题，一个月保换"。

B：这是我们店的规定，打折的商品不退
不换。

A：可是你们当时说的是"价钱打折，质
量不打折"。

B：这个我们做不了主，您去问我们经理
吧。

녹음해석

(상황:상점에서 손님 한 분이 스웨터 교환을 요
구한다.)

A:아가씨, 이건 내가 지난달에 이곳에서 산 스웨
　터예요. 한 번 빨았더니 줄어들었어요.

B:영수증 가지고 오셨나요?

A:가지고 왔어요. 다른 것으로 교환이 됩니까?

B:죄송하지만, 손님께선 세일기간에 사신 거라
　교환이 안 됩니다.

A:왜 교환이 안 됩니까? 당신들이 이곳에 "품질
　에 문제가 있으면 1개월 내에 교환을 보증합니
　다."라고 썼잖아요.

B:이건 저희 가게의 규정으로 할인된 상품은 환
　불이나 교환이 안 됩니다.

A:그렇지만 당신들이 그때 말했잖아요. "가격은
　내리지만 품질은 내리지 않습니다."

B:이건 저희들 소관이 아닙니다. 손님께서는 저
　희 사장님께 여쭈어보십시오.

답안

◯**1**

1 (×)
2 (×)
3 (×)
4 (○)
5 (○)
6 (○)

본문 5

녹음대본

女: 来尝尝我新买的茶叶。200块钱一
　　筒，我150块就买了。还是雨前茶呢！

男: 我看看。这哪是什么雨前茶，在商
　　店80块钱就能买了。

女: 不会吧，好几个人都在买。有一个
　　人还说以前买过，挺好喝，再来买几筒
　　送朋友，他一个人就买了三筒。

男: 你碰上"托儿"了。

女: 什么是"托儿"？

男: 你说的那个人就是个托儿，他和卖
　　茶的是一伙儿的，假装顾客买茶，说茶
　　好，就是为了骗别人来买。

女: 真的？

男: 以后买东西睁大眼睛，不要别人说
　　什么就信什么。

녹음해석

여:와서 내가 새로 산 차 맛 좀 봐. 한 통에 200
　위안인데, 150위안에 샀어. 게다가 우전차야!

남:내가 좀 볼게. 이게 무슨 우전차야. 상점에서
　80위안이면 살 수 있어.

여:그럴 리 없어. 많은 사람들이 사고 있었는 걸.
　어떤 사람은 예전에 샀었는데, 너무 맛있어서
　친구에게 몇 통 보내주려고 다시 왔다고 했어.
　그 사람은 혼자 3통이나 샀어.

남:너 바람잡이 만난 거야.

여:바람잡이가 뭔데?

남:네가 말한 그 사람이 바로 바람잡이야. 그와
　차를 파는 사람은 한통속이야. 고객을 가장해
　차를 사고 차가 좋다고 말해. 다른 사람들을 속
　여 사게 하기 위해서지.

여:정말?

남:앞으로 물건 살 때는 눈을 크게 뜨고 다른 사
　람이 말하는 것을 곧이곧대로 믿지 마.

답안

◯**1**

1 　女的觉得她买的茶怎么样？ (C)

2 　关于女的，我们可以知道什么？
　　(D)

3 　什么是"托儿"？ (D)

○**4** 寻求帮助

❖ 확인해 봅시다

답안

0 2

1 打，气，瘪
2 扎
3 水龙头，堵
4 打喷嚏
5 紧急
6 晕机
7 心脏病，发作
8 事故
9 堵塞
10 恢复

0 3

1 🔊 这么大的房子，我估计至少要30万。
   问：下面哪句话意思正确？(C)
2 🔊 快点儿，再不走就来不及了。
   问：这句话是什么意思？(B)
3 🔊 我介绍的人错不了，这事就包在他身上了。
   问：这句话是什么意思？(B)
4 🔊 你要是早点儿收拾好行李，现在就不用这么手忙脚乱了。
   问：这句话是什么意思？(D)

5 🔊 这件事只要让她知道，全世界就都知道了，你千万不能告诉她。
   问：下面哪个答案是正确的？(A)

❖ 리스닝 실전

본문 1

녹음대본

(情景：玛丽的自行车坏了，她来到学校门口的自行车修理部。)

玛丽：师傅，我的自行车坏了，麻烦您帮我修一修。

师傅：什么地方坏了？

玛丽：您看，前带瘪了。我昨天晚上刚打的气。

师傅：我看看。气门芯儿没问题，估计是车胎扎破了。

玛丽：大概多长时间能修好？

师傅：至少要一刻钟。

玛丽：那来不及了，我还要去上课，现在就已经迟到了。

师傅：你先把车放在这儿吧，下课以后再来取。

玛丽：只能这样了，我得跑步去教室。对了，车铃也不响了，您也给修修吧。

师傅：没问题，你赶紧上课去吧。

玛丽：谢谢您，再见。

师傅：再见。

녹음해석

(상황:玛丽의 자전거가 고장나서 학교 앞의 자전거 수리점에 왔다.)

玛丽:아저씨, 제 자전거가 고장났는데 좀 고쳐주세요.

아저씨:어디가 고장났는데?

玛丽:보세요. 앞 타이어의 바람이 빠졌어요. 어제 저녁에 바람을 넣은 건데 말이에요.

아저씨:한번 볼까. 타이어 밸브는 문제 없고 타이어가 파열된 것 같은데.

玛丽:수리하는 데 시간이 얼마나 걸릴까요?

아저씨:적어도 15분은 걸리겠다.

玛丽:그러면 시간이 모자란데요. 제가 수업을 들으러 가야하거든요. 이미 지각했어요.

아저씨:먼저 자전거를 여기에 놔 두고 수업 끝나면 찾으러 와.

玛丽:그렇게 해야겠군요. 저는 뛰어서 교실로 가야겠어요. 맞다! 벨도 울리지 않으니 고쳐주세요.

아저씨:문제 없어. 너는 빨리 수업 가거라.

玛丽:감사합니다. 안녕히 계세요.

아저씨:잘 가.

○1

1 （○）

2 （×）

3 （×）

4 （○）

5 （○）

6 （×）

7 （○）

8 （○）

본문 2

녹음대본

(情景: 玛丽的洗手间有问题, 她来找宿舍楼的服务员。)

玛丽: 小姐, 我房间洗手间的喷头坏了。

服务员: 怎么了?

玛丽: 里边可能堵了, 水特别小, 一边有水, 一边没有水。洗澡的时候冻得直打喷嚏。

服务员: 我明天找人来修修。

玛丽: 还有水龙头也有点儿问题。

服务员: 水龙头怎么了?

玛丽: 一打开就响, 声音特别大。

服务员: 那让他们明天一块儿看看吧。

녹음해석

(상황:玛丽는 화장실에 문제가 생겨 기숙사 종업원을 찾는다.)

玛丽:아가씨, 제 방 화장실 샤워꼭지가 고장났어요.

종업원:어떻게 된 거죠?

玛丽:안쪽이 막힌 것 같아요. 물의 양이 아주 적고요, 한쪽은 물이 나오고 한쪽은 물이 나오지 않아요. 샤워할 때는 추워서 재채기가 나와요.

종업원:내일 사람을 불러 수리하라고 할게요.

玛丽:또 수도꼭지도 문제가 있어요.

종업원:수도꼭지는 어떤데요?

玛丽:한 번 틀면 소리가 울리는데 너무 커요.

종업원:그럼 내일 그 사람들에게 같이 보라고 할게요.

답안

○1

1 （×）

2 （×）

3 （×）

4 （○）

5 （○）

6 （×）

（情景：张明给陈东打电话，请他帮忙。）

张明：喂，陈东吗？我是张明。

陈东：我早听出是你了。最近怎么样？

张明：还是老样子。真不好意思，这次打电话是有点儿事想请你帮忙。

陈东：什么事？说吧。只要是我办得到的，一定办。

张明：是这样的。我父母十几年没回老家了，想回去看看。我妈坐飞机又晕机，只能坐火车，得在北京转车。他们不想在北京耽误太多时间，想到北京以后当天就能出发，所以想麻烦你帮忙买两张去烟台的火车票。

陈东：放心吧，这事包在我身上了。

张明：这次真是太麻烦你了。

陈东：老同学了，还这么客气。大三那年暑假旅行，我还在你们家住了两天呢。对了，你父母什么时候到北京？

张明：23号，下午1点15分。

陈东：23号，星期六，没问题。到时候我去车站接他们，再把他们送上去烟台的火车。

(상황:张明이 陈东에게 전화해 도움을 청한다.)

张明:여보세요. 陈东이니? 나 张明이야.

陈东:듣고 넌 줄 알았어. 요즘 어때?

张明:맨날 그렇지 뭐. 정말 미안해. 지금 전화한 건 네게 도움을 청하고 싶은 일이 있어서야.

陈东:무슨 일인데? 말해봐. 내가 할 수 있는 일이라면 꼭 해줄게.

张明:뭐냐하면, 우리 부모님이 몇십 년 동안 고향에 못 가셔서 가 보고 싶어 하시거든. 어머니는 비행기 멀미를 하셔서 기차만 타야 하는데, 베이징에서 차를 갈아타야 해. 부모님은 베이징에서 너무 많은 시간을 낭비하지 않기를 원하셔. 베이징에 도착한 그날로 출발하기를 원하셔서 번거롭지만 너에게 두 장의 옌타이 기차표를 부탁하려구.

陈东:걱정 마. 이 일은 내가 처리할게.

张明:정말 너를 번거롭게 하는구나.

陈东:우린 동창이잖아. 뭘 그렇게 예의를 차리니. 대학교 3학년 여름방학 여행 때 내가 너희 집에 이틀 묵었었잖아. 맞다. 너희 부모님은 언제 베이징에 도착하시니?

张明:23일, 오후 1시 15분에 도착하셔.

陈东:23일, 토요일이면 문제 없어. 그때에 내가 기차역에 가서 그분들을 맞이하고 옌타이 가는 기차로 배웅해 드릴게.

1

1 （○）

2 （○）

3 （×）

4 （×）

5 （×）

6 （×）

2

1 "还是老样子" 中的 "老样子" 的意思是 (D)

2 "包在我身上了" 的意思是 (A)

3 "大三" 的意思是 (C)

녹음대본

　　如果今天全家想出去玩，可又不知道天气怎么样，这个时候你怎么办呢？只要拨打121，电话里马上就会传出中、英文的天气预报，你就可以放心地和家人出发了。如果发生了紧急的情况，你又该找谁帮助呢？不要着急，记住下面这几个电话号码，到时候就不会手忙脚乱了。发现有地方着火，千万不能耽误，应该马上拨打119；遇到坏人抢钱，拨打110，警察就会赶来帮助你；有人心脏病发作，拨打120，救护车很快就会停在你身边；出门碰上交通事故，拨打122，堵塞的交通很快就会恢复。还有一个电话号码也一定要记住：114，如果想知道哪儿的电话，只要拨它就行了。

녹음해석

　　오늘 가족과 나가 놀고 싶은데 날씨가 어떨지 모른다, 이럴 때 당신은 어떻게 하겠습니까? 121을 누르기만 하면 전화상으로 곧 중국어와 영어의 일기예보가 나올 것입니다. 당신은 안심하고 가족과 출발할 수 있습니다. 만약 긴급한 상황이 발생하면 당신은 또 누구에게 도움을 청하겠습니까? 조급해 하지 마십시오. 아래 몇 개의 전화번호를 기억해 두면 그때에 당황해서 허둥대는 일이 없을 것입니다. 불이 난 것을 발견하면 절대 시간을 지체하지 말고 바로 119를 누르셔야 합니다. 나쁜 사람에게 돈을 빼앗겼을 때 110을 누르면 경찰이 제때 나타나 당신을 도와줄 것입니다. 누군가 심장병이 발작한다면 120을 누르십시오. 구급차가 신속하게 당신 옆에 멈출 것입니다. 외출해서 교통사고를 만났다면 122를 누르십시오.

막혔던 교통이 빠르게 회복될 겁니다. 또 이 전화번호도 반드시 기억해야 합니다. 114, 만약 어느 곳의 전화번호를 알고 싶다면 이 번호를 누르면 됩니다.

답안

○**1**

1	e
2	c
3	a
4	d
5	f
6	b

○**5**　　　　　　**休闲娱乐**

: 확인해 봅시다

답안

□**2**

1	国务院，发布
2	大年三十，中央电视台
3	守岁
4	呼机
5	网
6	长辈
7	享受
8	养，养
9	开阔
10	可

1 　她老家是青岛，大学毕业以后才到
　　北京。
　　问：下面哪句话意思正确？（B）

2 　女：我看这儿的夏天比北京还热。
　　男：可不是。
　　问：下面哪句话意思正确？（D）

3 　女：想不想去外边吃饭？
　　男：那得看吃什么饭了。
　　问：男的是什么意思？（C）

4 　这是我女朋友最想要的礼物，再
　　贵也得买。
　　问：下边哪句话意思正确？（A）

5 　你怎么连他都不认识？
　　问：这句话是什么意思？（C）

6 　来中国不但想学汉语，还想多去一
　　些地方参观。
　　问：说话人是什么意思？（D）

리스닝 실전

본문 1

녹음대본

　　1999年9月18日，国务院发布了新的全国年节及纪念日放假办法。全体公民放假的节日有新年、春节、劳动节和国庆节，除新年放假1天外，其他都放假3天。部分公民放假的节日及纪念日有："三·八"妇女节，妇女节放假半天；"五·四"青年节，14岁以上的青年放假半天；"六·一"儿童节，13岁以下的少年儿童放假1天；"八·一"建军节，军人放假半天"九·一八"纪念日、教师节等其它节日、纪念日，都不放假。少

数民族的传统节日，按各民族习惯，由各地政府安排放假时间。

녹음해석

　　1999년 9월 18일, 국무원은 전국의 경축일, 기념일의 휴일 산정의 새로운 방법을 선포했습니다. 전국민은 양력설, 음력설, 노동절, 국경절은 양력설에 하루 쉬는 것을 제외하고, 모두 3일씩 쉬게 됩니다. 특정 국민을 대상으로 쉬도록 하는 휴일 및 기념일은 다음과 같습니다. 3·8 부녀절에는 부녀자들이 반나절을 쉬고, 5·4 청년절에는 14세 이상의 청년들이 반나절을 쉬고 6·1 어린이날에는 13세 이하 아동들이 하루를 쉽니다. 8·1 건군기념일에는 군인들이 반나절 쉬고, 9·18 기념일과 스승의 날 등 기타 휴일 및 기념일은 모두 쉬지 않습니다. 소수 민족의 전통 명절은 각 민족의 습관에 따라 각 지역의 정부가 쉬는 날을 정합니다.

답안

◯1

新年，春节，劳动节，国庆节，1，3，3，3

◯2

1 b ㄱ
2 d ㄷ
3 a ㄹ
4 c ㄴ

본문 2

녹음대본

（情景：春节前，两个朋友聊起了过春节的习俗。）

女：你今年春节回老家吗？

男：当然了。我去年刚结婚，我父母还没见过我爱人呢。

女：你们东北春节的时候有什么习俗？

男：现在各地都差不多一样了，我们家是大年三十晚上看中央电视台的春节晚会，12点吃"发财"饺子，然后全家一起守岁。

女：一晚上不睡觉，那不困死了？

男：可不是。第二天一早还得去拜年。

女：现在家家都有电话，打个电话拜年不就行了？还有呼机拜年、网上拜年，也挺流行的。

男：给朋友拜年这样还行，给亲戚、长辈拜年最好还是亲自去。

(상황: 설 전, 두 친구가 설을 쇠는 풍습에 대해 얘기한다.)

여：올 설에 고향집에 내려가니?

남：당연하지. 나는 작년에 막 결혼을 했는데 우리 부모님은 아직 집사람을 보지 못하셨어.

여：너희 둥베이의 설에는 어떤 풍속이 있니?

남：요즘엔 모든 지역들이 거의 비슷하게 지내. 우리 집에서는 음력 섣달 그믐날 저녁, CCTV에서 방영하는 설 축하연회를 보고 밤 12시에 '发财' 만두를 먹은 후 가족이 함께 밤을 새며 설을 쇠지.

여：밤새 잠을 안 자면 피곤하지 않니?

남：피곤하지. 그 다음날 아침에는 일찍 세배하러 가야 해.

여：지금은 집집마다 전화가 있으니 전화로 새해인사를 하면 되잖아? 호출기 새해인사, 인터넷 새해인사도 매우 유행하고 있지.

남：친구들에게 하는 새해인사는 그렇게 해도 되

지만, 친척들이나 웃어른들께는 직접 가는 게 제일 좋아.

○1

1 关于男的，下面哪句话意思正确？
(A)

2 "守岁" 的意思是 (C)

3 中国人春节的时候有什么习俗？
(D)

4 男的觉得应该怎么样给长辈拜年？
(D)

본문 3

女：周末休息的时候你一般做什么？

男：打网球。平时太忙没有时间，一到假期，可得打个痛快。

女：那不是更累？

男：那得看你喜不喜欢了。对我来说，打网球是一种享受，再累也不觉得。

女：你怎么跟我同屋说的一样？她一周末只有两件事：白天逛商场，晚上跳舞，天天回来喊腿疼，可下个星期还是一样去。

男：那你周末做什么？

女：我这个人好静，又喜欢音乐，常常去听音乐会。

男：我可没你那么有钱。

여：주말에 쉴 때, 넌 대개 뭘 해?

남：테니스를 쳐. 평소에는 너무 바빠서 시간이 없지만, 휴일이 되면 실컷 칠 수 있거든.

여:그러면 더 피곤하지 않니?

남:그건 네가 좋아하는지에 달렸지. 나 같은 경우에는 테니스를 치는 것이 일종의 오락이야. 피곤해도 피곤함을 못 느껴.

여:너 어쩜 내 룸메이트랑 똑같이 말하니? 그녀는 주말만 되면 두 가지 일을 해. 낮에는 쇼핑하고 밤에는 춤을 춰. 매일 돌아와서는 다리 아프다고 소리치지만, 다음 주에도 또 가.

남:그러면 너는 주말에 뭘 해?

여:나는 조용한 걸 좋아하고 또 음악도 좋아해서 자주 음악회를 가.

남:나는 너처럼 그렇게 돈이 없어.

○1

1　关于男的，下面哪句话意思不对？
　　(D)

2　关于女的同屋，她可能是什么性格的人？(B)

3　好静的人可能喜欢做什么？(D)

4　根据课文，哪句话意思正确？(A)

본문 4

녹음대본

女：昨天我和一个老人聊天儿，他说他特别喜欢京剧，是票友。"票友"是不是就是京剧迷的意思？

男：那可不是一般的京剧迷。"票友"不但爱听，还会唱，有的水平还相当高呢。明天你早点儿起床去公园，就能看到很多老人在一起自己拉琴自己唱。

女：那除了唱戏听戏，老人们还有什么别的娱乐？

男：下棋啦、养鸟啦、练气功啦、跳舞啦，有一种舞叫老年迪斯科，还有扭秧歌。

女：这个我知道。是不是穿着红红绿绿的衣服，头上戴着花，有的拿扇子，有的拿绸子，这样左扭一下右扭一下？

男：你连这个都知道！

女：我已经看过好几回了。

녹음해석

여:어제 난 노인 한 분과 이야기를 나눴는데 그분은 경극을 굉장히 좋아하시고 '票友'라 하셨어. '票友'는 경극팬이라는 뜻이지?

남:그건 일반적인 경극팬이 아니야. '票友'는 듣는 것을 좋아할 뿐 아니라 노래도 부를 수 있고 어떤 사람의 수준은 상당히 높아. 내일 일찍 일어나 공원에 가 보면 그곳에서 많은 노인들이 함께 악기를 연주하고 노래하는 걸 볼 수 있을 거야.

여:노래 부르고 듣는 것 외에 노인들은 또 어떤 오락활동을 하니?

남:바둑을 두고 새를 기르고 기공을 연습하고 춤도 추지. 노인 디스코라고 불리는 춤도 있고, 포크댄스의 일종인 춤도 있어.

여:나도 알아. 빨갛고 푸른 옷을 입고 머리엔 꽃을 꽂은 뒤, 어떤 사람은 부채를 들고 어떤 사람은 비단천을 들고 이렇게 왼쪽, 오른쪽으로 흔드는 거지?

남:그런 것도 아네!

여:이미 몇 번 본 적이 있거든.

○1

1　(○)

2　(×)

3　(○)

138

4 (×)

5 (×)

6 (○)

7 (○)

본문 5

你喜欢旅游吗？告诉你吧，我喜欢。旅游可以让我放松一下长时间紧张工作的身体和大脑，还可以开阔眼界，多了解外面的世界。对于像我这样每天早九晚五的人来说，春节、劳动节、国庆节放假时间长，是旅游的黄金时间。别以为只有有钱人才能出去旅游，钱少，一点儿也不影响我旅游的好心情。北京城周围可看、可玩的地方多了，你都去过吗？我都去过了。将来我挣了更多的钱，还要去西安、上海、杭州、桂林，有一天还要到外国看一看呢。

녹음해석

당신은 여행을 좋아합니까? 당신에게 말하죠. 저는 좋아합니다. 여행은 저로 하여금 장시간 긴장된 업무에서 신체와 두뇌를 풀어주고 또 시야를 넓혀주고 바깥 세계를 더 이해할 수 있게 합니다. 저와 같이 매일 아침 9시에서 저녁 5시까지 일하는 사람에게는 설, 노동절, 국경절은 휴일이 길어서 여행하기에 제일 좋은 기간입니다. 오직 돈 있는 사람만이 여행을 갈 수 있다고 생각하지 마세요. 돈이 적어도, 저의 여행 즐거움에는 조금의 영향도 주지 않습니다. 베이징 주변에는 가볼만한 곳도 놀만한 곳도 많습니다. 당신은 모두 가 보았습니까? 저는 모두 가 보았습니다. 앞으로 저는 더 많은 돈을 벌어 시안이나 상하이, 항

저우, 구이린도 가고 언젠가는 외국에도 나가볼 것입니다.

답안

○1

放松一下长时间紧张工作的身体和大脑，开阔眼界，多了解外面的世界

○2

1 (○)

2 (○)

3 (×)

4 (×)

5 (○)

6 (○)

○6　交通状况

확인해 봅시다

답안

02

1 提倡

2 毫无疑问

3 高峰，堵车

4 拐

5 合影

6 起码

7 拥有

8 特技

9 污染

10 赶上

03

1 🔊 汽车有汽车的好处, 自行车有自行
　　车的好处。
　　　　问: 这句话是什么意思? (D)

2 🔊 坐公共汽车不见得比骑自行车快。
　　　　问: 这句话是什么意思? (C)

3 🔊 早知道这样, 真不如骑车来了。
　　　　问: 从这句话我们知道什么? (B)

4 🔊 公共汽车太挤了, 再说现在正是堵
　　车的时间, 我们还是骑车去吧。
　　　　问: 说话人建议骑车去的原因是什
　　么? (D)

5 🔊 骑车去的话, 起码要用一个小时。
　　　　问: 下面哪句话和你听到的意思一
　　样? (C)

✦ 리스닝 실전

본문 1

녹음대본

(情景: 约翰和他的中国朋友小王一起聊
　　天儿。)

约翰: 小王, 听说中国买汽车的人越来
　　越多, 是吗?

小王: 是啊。拥有一辆自己的汽车, 是
　　很多人的梦想, 特别是年轻人。随着
　　生活水平的提高, 很多人的梦想已经
　　实现了。

约翰: 有汽车的人越来越多, 骑自行车
　　的人就会越来越少吧?

小王: 那倒不见得。虽然有车的人越来
　　越多, 可是买不起汽车的人还是绝大

多数。再说, 自行车有自行车的好处,
比如不怕堵车, 不会污染环境, 还能
锻炼身体。很多发达国家不是还提倡
骑自行车吗?

约翰: 你说的也是。汽车虽然快, 可是
　　要是赶上堵车, 还不如骑自行车呢。

녹음해석

(상황:约翰과 그의 중국친구 小王이 함께 얘기한
다.)

约翰:小王, 중국에서 차를 사는 사람이 점점 더
많아진다던데, 정말이니?

小王:응. 자신의 차 한 대를 갖는 것은 많은 사람
들의 꿈인데, 특히 젊은 사람들이 그렇지. 생
활수준이 높아짐에 따라 많은 사람들의 꿈은
이미 실현됐어.

约翰:차를 가진 사람이 많아질수록 자전거를 타
는 사람은 점점 줄어들겠네.

小王:꼭 그렇지도 않아. 비록 차를 가진 사람이
점점 더 많아져도 차를 살 수 없는 사람이 여전
히 절대다수거든. 다시 말해, 자전거는 자전거
나름의 장점이 있어. 예를 들어, 차가 막히는
것을 염려하지 않아도 되고 환경오염을 시키
지도 않고, 또 신체를 단련할 수도 있어. 많은
선진국에서도 자전거 타기를 제창하지 않니?

约翰:네 말도 맞아. 자동차는 빠르지만 차가 막
히면 자전거를 타는 것만 못 해.

답안

01

1 (○)
2 (○)
3 (×)
4 (○)
5 (×)

6 （○）

2

1 一辆自己的汽车，年轻人，生活水平的提高，已经实现了
2 买不起车的人还是绝大多数，有自行车的好处，堵车，污染环境，锻炼身体，提倡骑自行车
3 要是赶上堵车，骑自行车

본문 2

녹음대본

（情景：玛丽和出租汽车司机谈话。）

玛丽：师傅，还有半个小时电影就开演了，来得及吗？

司机：这很难说。现在正是下班高峰时间，我也说不准会堵多长时间。

玛丽：真急人！我和朋友约好了在电影院门口见面。我要是迟到了，也会耽误他看电影。

司机：要不这样吧。这儿离电影院不太远了，你就在这儿下车，快点儿走，二十分钟差不多就到了。

玛丽：可我不认识路啊。

司机：我告诉你。从这儿一直往前走，到第二个十字路口向右拐，再走两百米左右就到了。

玛丽：唉！早知道这样，真不如骑自行车来了。谢谢您。这是车费，不用找了。

녹음해석

(상황:玛丽와 택시기사가 얘기한다.)

玛丽:아저씨, 30분 후에 영화가 시작되는데, 그 시간 안에 갈 수 있나요?

기사:말하기 힘든데요. 지금이 퇴근 러시아워라 저 역시 얼마나 차가 막힐지 장담할 수 없네요.

玛丽:큰일났네! 저는 친구와 극장 입구에서 만나기로 했는데, 제가 늦으면 친구가 영화 보는데 지장을 줄 수 있거든요.

기사:아니면 이렇게 합시다. 극장까지 멀지 않으니까 여기서 내려 빨리 걸으면 거의 20분내로 도착할 수 있어요.

玛丽:제가 길을 모르는데요.

기사:알려줄게요. 여기서 곧바로 앞으로 쭉 가다가 두 번째 사거리에서 오른쪽으로 꺾은 뒤 다시 200미터쯤 가면 도착해요.

玛丽:아! 이럴 줄 미리 알았다면 자전거를 타고 왔을 텐데. 감사합니다. 여기 차비요. 거스름돈은 됐어요.

답안

1

1 下面哪种说法是正确的？ (C)
2 玛丽坐出租车的时间最可能是 (D)
3 司机认为堵车会堵多长时间？ (D)
4 玛丽为什么特别着急？ (C)
5 堵车的地方离电影院有多远？ (C)
6 玛丽要去的地方最可能在什么位置？ (D)

본문 3

녹음대본

（情景：玛丽和她的中国朋友小王谈话。）

玛丽：小王，你每天怎么去上班？

小王：我的家离公司比较远，我要先骑半个小时的自行车，然后再坐几站地铁。

玛丽：要是赶上刮风下雨，特别是冬天下
　　　雪的时候，骑自行车很不方便吧？
小王：可不是。天气不好的时候，我就坐
　　　公共汽车再换地铁，或者干脆打车去上
　　　班。
玛丽：每天骑自行车一定很累吧？为什么
　　　不每天坐公共汽车呢？
小王：我已经习惯了。我把骑自行车当成
　　　一种锻炼，而且不用等车，也不怕堵
　　　车。坐公共汽车有时要等很长时间，赶
　　　上堵车，准得迟到。
玛丽：这就叫"一举两得"吧？
小王：没错。你的汉语说得越来越好了。

녹음해석

(상황:玛丽와 그의 중국친구 小王이 얘기한다.)

玛丽:小王, 너는 매일 어떻게 출근하니?

小王:우리 집은 회사에서 좀 멀어. 먼저 30분쯤
자전거를 타다가 다시 지하철을 타고 몇 정거
장 가야 해.

玛丽:만약 바람이 불거나 비가 오면 특히 겨울에
눈이 내릴 때는 자전거 타는 것이 불편하지 않
니?

小王:불편하지. 날씨가 좋지 않으면 버스를 타고
지하철로 갈아타거나 아예 택시를 타고 출근
해.

玛丽:매일 자전거를 타면 분명 피곤하겠지? 왜
매일 버스를 타지 않니?

小王:난 이미 익숙해졌어. 자전거 타는 걸 일종
의 운동이라고 여겨. 게다가 차를 기다리거나
교통체증을 염려하지 않아도 돼. 버스를 탈 때
기다리는 시간이 길거나 차가 막히면 분명히
늦거든.

玛丽:그런 걸 바로 '일거양득'이라고 하는 거지?

小王:맞아. 너의 중국어 실력이 날로 좋아지는
구나.

답안

01

1 　小王每天怎么去上班？(A)
2 　冬天下雪的时候，小王怎么去上
　　班？(D)
3 　小王每天上班，路上要花多长时
　　间？最可能的答案是 (C)
4 　骑自行车的好处，课文里没有提到
　　的是什么？(B)
5 　小王不每天坐公共汽车上班，是因
　　为什么？(D)

02

离，比较远，骑半个小时的自行车，再坐
几站地铁，刮风下雨，下雪的时候，坐公
共汽车，换地铁，干脆打车去上班，一种
锻炼，堵车，等车，一举两得

03

不用等车，也不怕堵车。
天气不好的时候不方便。

본문 4

녹음대본

　　在北京，问10个人会不会骑自行车，
起码有9个人会点头。骑车好像是北京人
生存的基本技能。自行车在20世纪初传
到中国，现在已经进入了21世纪，毫无疑
问，它依然是北京人离不开的交通工具。

　　许多来北京旅游的外国人看到上下班
高峰时的自行车流无不惊叹。外国人在北
京呆上一段时间，就会发现骑车的便利
和乐趣。当年美国总统布什夫妇访问中国
的时候，就曾在北京骑车逛街并在天安门

前合影留念。如今外国游客租自行车游京城、逛胡同已经成了北京旅游的一个项目。

北京的孩子从小就坐在爸爸或妈妈的自行车后边上幼儿园和上小学，很多孩子刚会走路就练习骑童车，可以说从小就对自行车产生了感情。现在人们出门办事，常常会担心堵车，在路不是特别远的情况下，骑自行车相对来说是最有把握的。有些北京人不光把自行车当作上下班的代步工具，而且把它当作一项体育运动。他们骑车旅游，骑车比赛，有的青少年用自行车做特技表演，还出现了很多自行车俱乐部。

베이징에서 10명에게 자전거를 탈 수 있는지 물으면 최소한 9명이 고개를 끄덕일 것이다. 자전거를 타는 것은 마치 베이징사람들이 살아가는 데 기본이 되는 능력인 것 같다. 자전거는 20세기 초 중국에 전해졌고 현재 이미 21세기가 되었지만 의심의 여지없이 여전히 베이징사람에게서 뗄 수 없는 교통수단이다.

베이징을 여행하러 온 많은 외국인들은 출퇴근 시간의 자전거행렬을 보고 놀라 탄성을 지른다. 베이징에서 일정시간을 보낸 외국인들은 곧 자전거의 편리함과 즐거움을 발견하게 된다. 미국 대통령 부시 부부가 중국을 방문했을 때 베이징에서 자전거를 타고 거리를 구경했고 톈안먼 앞에서 기념사진을 찍은 적도 있다. 지금 외국 여행객들이 자전거를 빌려 베이징 시내와 골목을 돌아다니는 것은 이미 베이징 여행의 한 코스가 되었다.

베이징의 어린이들은 어려서부터 아버지나 어머니의 자전거 뒤에 앉아 유치원과 초등학교를 다니고, 많은 아이들은 걸음마를 뗄 때부터 아동용 자전거 타는 것을 연습한다. 어려서부터 자전거에 대한 애정이 생긴다고 말할 수 있다. 현재 사람들은 외출해서 일을 볼 때 항상 차막힘을 염려한다. 길이 별로 멀지 않은 상황에서 자전거를 타는 것은 상대적으로 가장 확실한 방법이라고 할 수 있다.

일부 베이징사람들은 자전거를 출퇴근시 걷는 것을 대신하는 수단으로 여길 뿐 아니라, 스포츠의 하나로 여기고 있다. 그들은 자전거 여행, 자전거 시합을 하고 어떤 청소년들은 자전거로 특기를 보여주기도 한다. 또한 많은 자전거동호회도 생겨 났다.

답안

○1

1 （○）
2 （×）
3 （×）
4 （○）
5 （○）
6 （×）
7 （×）
8 （×）
9 （×）
10 （○）

○2

1 因为从小就坐在父母的自行车后边上幼儿园和上小学，而且刚会走路就练习骑童车。
2 因为骑车是北京人生存的基本技能。

婚姻与家庭

답안

02

1 挑，对象
2 婚纱，摄影师
3 酒席，新人，支付
4 酷
5 顶
6 主动
7 分担
8 普遍
9 平衡
10 明显

03

1 什么时候喝你的喜酒？
问：说话人是什么意思？（D）

2 他这么挑，怎么会看上这种工作？
问：说话人是什么意思？（D）

3 女：你怎么这么晚才回来？
男：别提了，半路上汽车坏了。
问：根据对话，下面哪个意思不正确？（A）

4 很多人喜欢 6、8、9，认为它们是顺利、发财、长久的意思。
问：人们可能不会选择哪一天结婚？（A）

5 我会英语，可是对法语一窍不通。
问：关于说话人，我们知道什么？（C）

6 她是个好妻子，无论老人还是孩子，都照顾得很好。
问：这句话告诉我们什么？（D）

본문 1

녹음대본

女：我儿子下个月6号结婚，到时候你可得来喝杯喜酒。
男：那先恭喜您了，到时候我一定去。
女：你女儿怎么样了？结婚了吧？
男：嗨，别提了！连个对象都没有呢。
女：是不是太挑了？
男：也不是。说什么不着急，先干好工作。
女：那也不能把大事耽误了。我儿子有个朋友，是中学老师，人不错，什么时候让他们认识认识。
男：那我先谢谢您了。

녹음해석

여：우리 아들이 다음 달 6일에 결혼해. 그때 꼭 와서 축하주를 마셔줘.
남：우선 축하부터 해야겠네. 그때 꼭 갈게.
여：네 딸은 어떻게 됐어? 결혼했니?
남：휴, 묻지도 마! 애인도 없어.
여：너무 까다로운 거 아니니?
남：그렇지도 않아. 아무리 뭐라고 해도 급할 거 없다면서, 일을 잘 하는 게 먼저래.
여：그렇다고 큰일을 늦춰서는 안 되지. 우리 아들 친구가 중학교 선생님인데 사람이 괜찮더라. 언제 두 사람을 소개시켜주자.
남：그럼 고맙다는 인사 먼저 할게.

○1

1 🔊 女的请男的做什么？（C）

2 🔊 关于男的女儿，下面哪句话意思正确？（B）

3 🔊 对于女儿现在的情况，男的心情怎么样？（A）

4 🔊 "那也不能把大事耽误了" 中的 "大事" 是什么意思？（B）

5 🔊 关于女的，下面哪句话意思正确？（D）

본문 2

녹음대본

下面是三个人结婚的故事。

故事一：一套婚纱、两套礼服、11辆花车、两位摄像师、一位摄影师、150位客人、14桌酒席……这次婚礼一共花了2万元左右，一部分由新人支付，父母也帮助了一些。如新郎父母给了新娘10001元改口费，意思是万里挑一；新娘父母给了新郎6699元改口费，意思是顺顺利利、长长久久。

故事二：两个人是在一个登山俱乐部里认识的，那里都是些很酷的年轻人。顶着六七级大风，爬上2400米高的山峰，这就是他们的婚礼。回到城里以后，两家人在一起吃了顿饭，就算是遵从了父母的传统。

故事三：没有婚礼，因为两个人都没有时间。选了一天去结婚登记处领了结婚证，就算是一家人了。两人商量等休假的时候再去国外旅行结婚。

녹음해석

아래는 세 사람의 결혼 이야기이다.

이야기 1:한 벌의 웨딩드레스, 두 벌의 예복, 11대의 꽃차, 두 명의 사진사, 한 명의 비디오 촬영기사, 150명의 하객, 14개의 연회 테이블……이번 결혼식에 모두 2만 위안 정도를 썼고, 일부는 신랑·신부가 내고 부모도 일부를 도와주었다. 예를 들어 신랑의 부모는 신부에게 10,001위안의 호적개정비를 줬는데, 이는 만리에 이르는 지역에서 한 명을 선택했다는 의미이다. 신부의 부모는 신랑에게 6699위안을 줬는데, 모든 일이 순조롭고 오래가라는 의미이다.

이야기 2:두 사람은 등산동호회에서 만났다. 그 동호회는 모두 멋진 젊은이들로 이루어져 있다. 6,7급의 강한 바람을 이기고 2,400미터의 높은 봉우리를 오르는 것이 그들의 결혼식이었다. 도시로 돌아온 후, 양가 사람들은 함께 식사를 했는데, 이는 부모의 전통적 견해를 따른 것이라 할 수 있다.

이야기 3:결혼식은 치르지 않았다. 두 사람 모두 시간이 없기 때문이다. 하루를 골라 혼인등기소에 가서 혼인증명서를 받은 것으로 한집 식구가 된 셈이다. 두 사람은 휴가를 기다려 외국여행에서 결혼하기로 했다.

답안

○1

1 万里挑一
2 顺顺利利，长长久久

○2

1 c
2 b
3 a

본문 3

녹음대본

（情景：王奶奶送孙子的时候遇见了邻居。）

邻居：王奶奶，又送孙子去学钢琴啊？

王奶奶：可不是。每个周末都得去。

邻居：在教室外面等两个小时可够累的。

王奶奶：现在不等了，我和孙子一起学。

邻居：您也学钢琴？

王奶奶：是啊。我以前对音乐可是一窍不通，老陪着孙子去，慢慢地就有了兴趣，干脆自己也报了个名。

邻居：您这么大岁数，跟得上吗？

王奶奶：您去我们班上看看，我可不算老。再说，回家还有孙子教我呢，因为要教我，他练琴也比以前主动了。

녹음해석

(상황:王 할머니가 손자를 바래다 주는 길에 이웃을 만났다.)

이웃:王 할머니, 또 피아노 배우러 가는 손자 바래다 주나요?

王 할머니:그렇지. 주말마다 가야 해.

이웃:교실 밖에서 2시간씩 기다리면 피곤하시죠.

王 할머니:지금은 기다리지 않고 손자랑 함께 배워.

이웃:할머니도 피아노를 배우신다고요?

王 할머니:응. 예전에는 음악에 대해 아무것도 몰랐는데 항상 손자랑 함께 가다보니 점점 흥미가 생겨서 아예 직접 등록했어.

이웃:나이가 그렇게 많으신데 따라갈 수 있으세요?

王 할머니:우리 반에 가서 봐봐. 나는 늙은 것도 아니야. 게다가 집에 돌아오면 손자 녀석이 나

를 가르쳐 주거든. 나를 가르쳐야 하니까 예전에 비해 적극적으로 피아노를 연습하더라고.

답안

01

1 （○）
2 （○）
3 （×）
4 （×）
5 （×）
6 （○）
7 （○）

본문 4

녹음대본

现在不少家庭都请了小保姆。小保姆为主人分担了大量的家务：照顾孩子、洗衣做饭、打扫卫生，为双职工家庭解决了不少生活上的困难。但是多数小保姆来自农村，对城市生活方式不熟悉，而且年龄普遍较低，生活经历少，做事常常缺少耐心，所以很难做好照顾幼儿、老人或病人的工作。

钟点工作为一种新的服务方式，在北京、上海等地已经流行。他们到点来干活，干够时间就走，不在主人家吃住，给主人家减少了许多麻烦。钟点工大部分来自城郊，他们无论是使用家用电器，还是炒菜做饭，都比来自农村的小保姆干得好，受到用人家庭的普遍欢迎。

녹음해석

현재 많은 가정에서 가정부를 두고 있다. 가정부는 아이 돌보기, 빨래 하기, 밥 하기, 청소 하기

등 주인들의 많은 집안일을 분담해 맞벌이 가정에서의 생활상의 곤란을 해결해 준다. 그러나 많은 가정부들은 농촌에서 오기 때문에 도시의 생활방식을 잘 모를 뿐 아니라 나이도 일반적으로 어리고 생활경험도 적어서 일을 할 때 인내심이 부족하다. 그래서 유아, 노인 혹은 환자를 돌보는 일을 잘 해내지 못한다.

시간제 방식은 새로운 근무 방식으로 베이징, 상하이 등지에서 이미 유행하고 있다. 그들은 주인집에서 숙식하지 않고 시간이 되면 와서 일을 하고 시간이 되면 가기 때문에 주인들의 불편함을 많이 줄여준다. 시간제 가정부들은 대부분 도시 주변에서 온다. 그들은 가전기구를 다루는 것뿐만 아니라 요리도 할 줄 알기 때문에 농촌에서 온 가정부에 비해 일을 잘해 고용하려는 가정에서 널리 환영을 받는다.

1

1 📼 哪件事不是小保姆要做的？ (A)

2 📼 关于小保姆，下面哪种说法不正确？ (D)

3 📼 "钟点工" 的意思是 (C)

4 📼 关于钟点工, 下面哪种说法正确？ (D)

본문 5

녹음대본

过去熟人见面，第一句话总说： "吃了吗？" 现在朋友见面，第一句话爱问： "离了吗？" 这虽然是一个玩笑，但也反映了离婚越来越普遍，离婚率越来越高的社会现象。

80年代初全国离婚率仅为4.75%，90

年代后期则达到13%。离婚率上升，在全国并不平衡，大中城市要高于农村。1997年全国离婚率约为13%左右，而北京、上海均在25%左右。值得注意的是，40岁至50岁间离婚现象尤为明显。

녹음해석

과거에는 아는 사람을 만나면 처음 하는 말이 "밥 먹었니?"였다. 지금은 친구를 만나면 제일 먼저 하는 말이 "헤어졌니?"이다. 물론 이것은 우스갯소리이지만, 이혼이 점점 보편화되고 이혼률이 점점 더 높아지는 사회현상을 반영한 것이다.

80년대 초 전국의 이혼률은 4.75%에 불과했는데, 90년대 후반에는 13%에 이르렀다. 이혼률 상승은 전국적으로 균등하지 않아 대도시가 농촌에 비해 높게 나타났다. 1997년 전국 이혼률은 13%정도인데 반해 베이징이나 상하이는 25%정도이다. 주의해야 할 점은 40세에서 50세 사이의 이혼현상이 두드러진다는 것이다.

답안

1

1 (×)
2 (○)
3 (×)
4 (○)
5 (×)
6 (×)

体育运动

본문 1

확인해 봅시다

답안

02

1 扑出，点球。
2 依然
3 没劲
4 灵巧
5 动脑子
6 放松
7 脾气，冲动
8 假如
9 合群
10 果断，犹豫不决

03

1 我猜广东队会以 3：2 击败上海队，进入明天的决赛。
　问：这句话的意思是什么？(C)

2 我从没见过像他这样的人，四五十岁了还对游戏机这么着迷。
　问：这句话的意思是什么？(C)

3 他说得这么快你都能听懂，不简单呀！
　问：这句话的意思是什么？(D)

4 A：我刚想到这个主意，就被你说出来了。
　B：这就叫"英雄所见略同"。
　问：从这个对话我们可以知道什么？(A)

5 他昨晚没睡好，可能会对今天的比赛有影响。
　问：这句话的意思是什么？(D)

녹음대본

[本报洛杉矶1999年7月10日电] 记者许立群报道：今天，中国女足在第三届世界杯女足决赛点球大战中以4：5失利，但世界杯亚军依然是中国队在历届世界杯赛上的最好成绩。

当地时间12时50分，中国队和美国队的决赛在洛杉矶玫瑰碗体育场进行。120分钟比赛后，双方以0：0踢平，只好互射点球决定胜负。

美国队五个点球全部射中，中国队的第三个点球被扑出。

1991年首届世界杯女足赛上，美国队就夺取了冠军，此次是她们第二次在世界杯赛上夺冠。

今天有9万多名观众顶着近40摄氏度的高温观看了比赛。

之前进行的比赛中，巴西队以5：4击败了挪威队，获得第三名。

녹음해석

(본사 LA 1999년 7월 10일 전송) 기자 许立群 보도: 오늘 제3회 여자축구 월드컵 결승전에서 중국 여자축구는 승부차기에서 4:5로 패했다. 그래도 월드컵 준우승은 중국팀이 역대 월드컵에서 거둔 최고의 성적이다.

현지시간 12시 50분, 중국팀과 미국팀의 결승전이 LA의 로즈볼 경기장에서 진행되었다. 120분의 경기 후, 쌍방은 0:0으로 비겼고 승부차기로 승부를 낼 수밖에 없었다.

미국팀은 다섯 개의 공을 모두 넣었고, 중국팀은 세 번째 공이 들어가지 못했다.

1991년 제1회 여자축구 월드컵에서 미국팀이 우승했으며, 이번은 그녀들의 두 번째 여자월드컵 우승이다.

오늘 9만여 관중은 섭씨 40도의 고온을 무릅쓰고 경기를 관람했다.

그전에 진행된 경기에서는 브라질팀이 5:4로 노르웨이팀을 이기고 3위를 차지했다.

답안

○1

1   美国队在哪几届世界杯赛中夺冠？ (B)

2   本届世界杯决赛的时间是 (D)

3   中国队第几个出场的队员点球被扑出？ (C)

4   这次比赛获得亚军对中国队来说 (B)

5   这则新闻应该是 (C)

본문 2

녹음대본

女：上个月去美国，我和朋友看过两场职业棒球比赛。球场至少能坐下八九万名观众，热闹得像过节一样。知道我们是第一次看球的外国人，一有球员上场，我旁边的老美就不停地向我介绍，熟悉得像讲自己的儿子。那场比赛打了快三个小时，双方仍然是2：2平。

男：我也在电视上看过一次，看着看着就睡着了。等我醒过来一看，还是0：0，真没劲。也不知道美国人为什么对这种运动这么着迷？

女：不能这么说啊。足球还不是常常踢完90分钟都是0：0，一到甲A比赛你还不是一样着迷？

男：也是。

女：其实棒球很适合中国人玩。它比较"和平"，不像足球，所以它不一定需要身材高大，只要动作灵巧，反应快，肯动脑子就行了。日本、韩国就是最好的例子。

男：你说得还真有点儿道理。那我们明天就去买只手套，感觉一下。

녹음해석

여: 지난달 미국에 갔을 때, 나와 친구는 프로야구 경기를 두 번 봤어. 구장은 적어도 8,9만명의 관중이 앉을 수 있었고, 열광적인 분위기가 마치 명절 같더라. 우리가 처음으로 야구경기를 보는 외국인이라는 것을 알았는지, 한 선수가 등장하자마자 내 옆의 미국인은 계속 나에게 마치 자신의 아들에 대해서 말하듯 익숙하게 끊임없이 소개를 하는 거야. 그 경기는 3시간이나 지났는데 여전히 2:2였어.

남: 나도 TV에서 한 번 본 적이 있어. 보다가 잠이 들었지. 깨어나 보니 여전히 0:0이었고 정말 재미없더라. 미국사람들은 왜 그런 운동에 그렇게 열광하는지 모르겠어.

여: 그렇게 말할 수는 없지. 축구는 90분 동안 계속 차고도 자주 0:0이지 않니? 갑 A팀의 경기라면 너도 그렇게 열광하잖아?

남: 그렇네.

여: 사실 야구는 중국사람들이 하기에 적합해. 비교적 평화적이고, 축구와는 달리 체격이 반드시 클 필요도 없어. 동작이 민첩하고 반응이 빠르고 두뇌회전이 빠르면 되지. 일본, 한국이 바로 좋은 예야.

남: 네가 말하는 것도 정말 일리가 있다. 그럼 우리 내일 바로 글러브를 사서 한번 느껴보자.

답안

○**1**

1　(○)
2　(×)
3　(×)
4　(○)
5　(○)
6　(○)
7　(○)

○**2**

身材高大，运动灵巧，反应快，肯动脑子

본문 3

녹음대본

（情景：第一天上课后，两个学生边走边聊。）

女：咱们已经是第三次来中国了，这次除了汉语，应该再学点儿别的。

男：中国功夫世界闻名，不但可以锻炼身体，要是练好了，遇到坏人也不怕。

女：这真是"英雄所见略同"。那就学太极拳吧，咱们学校就有太极拳老师。

男：太极拳算什么功夫？慢吞吞的，两只手画完大圈画小圈。要学你自己学。

女：哎，不是我小看你，你要是真能画好这些圈还真不简单呢！太极拳讲究的就是心静，胳膊、腿都要放松，这些圈要一个连一个。你听没听说过"四两拨千斤"？

男：那是什么意思？

女：就是说如果你练好了太极拳，别人用1000斤的力气打你，你用四两力气还他就行了。

男：真有这么厉害？

女：不信你就练练看，说不定还能改掉你这急脾气呢。

녹음해석

(상황:첫째 날 수업 후에 두 학생이 걸으며 얘기한다.)

여:우리는 이미 세 번째로 중국에 왔으니 중국어를 배우는 것 외에 다른 것도 배워야만 해.

남:중국무술은 세계적으로 유명해. 신체를 단련할 수 있을 뿐 아니라 연습만 잘하면 나쁜 사람을 만나도 무섭지 않을 거야.

여:정말 영웅의 견해는 일치한다더니. 그럼 태극권을 배우자. 우리 학교에 태극권 선생님이 계시잖아.

남:태극권이 무슨 무술이야? 꾸물꾸물 거리면서 양 손으로 큰 원과 작은 원을 그리기만 하잖아. 배우고 싶으면 너 혼자 배워.

여:에이, 내가 널 무시해서가 아니라 네가 정말로 그런 원들을 잘 그린다면 정말 대단한 거야. 태극권이 중시하는 것은 바로 마음의 안정이거든. 팔, 다리의 힘을 모두 빼고, 이런 원들을 하나하나 연결해야 해. 넌 '4냥이 1천 근을 뽑는다' 라는 말도 못 들어봤니?

남:그건 무슨 뜻인데?

여:네가 태극권 연습을 잘 하면, 다른 사람이 천 근의 힘으로 널 공격해도 넌 4냥의 힘으로도 그를 물리칠 수 있다는 말이야.

남:정말 그렇게 대단해?

여:믿지 못하겠다면 연습해 봐. 네 급한 성격도 고칠지 몰라.

답안

○**1**

1　(○)

2 （○）
3 （○）
4 （×）
5 （×）
6 （○）
7 （○）
8 （○）
9 （×）

본문 4

研究证明，体育锻炼对人的性格有特殊影响。

假如你觉得自己不大合群，不习惯与别人交往，那你就选择足球、篮球、排球等集体项目来锻炼。假如你胆小、容易脸红，那就应该参加游泳、滑冰、滑雪等活动。如果你办事犹豫不决，不够果断，那就多参加乒乓球、网球、羽毛球等体育活动。如果你发现自己遇事容易急躁、冲动，那就多下下棋、打打太极拳。

녹음해석

연구로 증명되었듯이, 운동과 신체단련은 사람의 성격에 특별한 영향을 준다.

만약 당신이 무리와 잘 화합하지 못하거나 다른 사람들과 교류하는 것이 익숙지 않다면 축구, 농구, 배구와 같은 단체운동을 해볼 수 있다. 만약 당신이 소심하고 쉽게 얼굴이 빨개진다면 수영, 스케이트, 스키 등과 같은 운동을 해봐야 한다. 만약 당신이 일을 할 때 우유부단하고 과단성이 부족하다면 탁구, 테니스, 배드민턴 등의 운동을 해볼 수 있다. 만약 당신이 일을 할 때 쉽게 조바심을 내고 충동적이라면 바둑을 많이 두거나 태극권 등을 많이 해보길 권한다.

답안

01

1 c, e
2 a, f
3 b, g, i
4 d, h

09 参观旅游

확인해 봅시다

답안

02

1 气象信息台
2 批准，设立
3 举世闻名
4 享有，声誉
5 操心
6 垃圾
7 激烈
8 软卧
9 干脆
10 生态

03

1 赶上这样的天气，真扫兴！
   问：从这句话我们知道说话人 (B)
2 哪里哪里，您过奖了。
   问：从这句话我们知道说话人 (A)
3 跟软卧比较起来，我觉得还是坐硬卧划算。

问： 从这句话我们知道说话人 (B)

4 🔲 他们两个人各有所长。
问： 说话人是什么意思？ (C)

5 🔲 这次旅行美中不足的是天气不太
好。
问： 从这句话我们知道这次旅行怎
么样？ (B)

6 🔲 泰山和黄山比较起来，我更喜欢后
者。
问： 从这句话我们知道什么？ (B)

7 🔲 旅游既能增长知识，又能提高汉语
水平，真是一举两得。
问： 从这句话我们知道说话人 (A)

∴ 리스닝 실전

본문 1

（情景： 玛丽和约翰谈论周末计划。 ）

玛丽： 约翰，又快到周末了，你有什么计
划吗？

约翰： 这个周末我想去张家界旅行。

玛丽： 张家界可是中国著名的风景区，值
得去看看。可是一个周末的时间来不及
吧？

约翰： 可能会耽误几天课，我已经跟老师
请假了。

玛丽： 老师同意了？

约翰： 当然同意了，旅游也是一种学习
嘛。不过最近老下雨，不知道那里的天
气怎么样。好不容易去了，要是天气不
好多扫兴啊！

玛丽： 说的也是。对了，你可以打221气
象信息台，就能知道那里的天气情况

了。

约翰： 真的吗？能知道张家界的天气情
况？

玛丽： 没问题。221气象信息台不仅提供
市区、郊区旅游天气预报，还发布全国
著名风景区的气象信息。你试试吧。

约翰： 谢谢。你快成中国通了。

玛丽： 哪里哪里，过奖了。

녹음 해석

(상황:玛丽와 约翰이 주말계획에 대해 얘기한다.)

玛丽:존, 곧 주말인데 무슨 계획 있어?

约翰:이번 주말에 장쟈제로 여행가고 싶어.

玛丽:장쟈제는 중국의 유명한 풍치지구여서 가
볼만해. 그런데 주말 동안 갔다 오기엔 시간이
모자라잖아?

约翰:아마 며칠 수업에 빠질 거야. 이미 선생님
께 휴가를 신청했어.

玛丽:선생님도 동의하셨어?

约翰:당연히 동의하셨지. 여행도 일종의 학습이
잖아. 그런데 최근 비가 계속 내리는데 그곳의
날씨가 어떨지 모르겠다. 어렵게 가게 됐는데
날씨가 안 좋다면 흥이 깨지잖아!

玛丽:그건 그래. 맞다! 221 기상정보센터에 전화
하면 그곳의 날씨가 어떤지 알 수 있을 거야.

约翰:정말? 장쟈제의 날씨 상황을 알 수 있어?

玛丽:문제 없어. 221 기상정보센터는 시내, 교외
여행에 일기예보를 제공할 뿐 아니라 전국의
유명한 풍치지구의 일기예보 소식도 발표하거
든. 한번해 봐.

约翰:고마워. 넌 곧 중국통이 되겠구나.

玛丽: 뭘, 과분한 칭찬이네.

〇1

1 周末他想去张家界旅行。

2 中国著名的风景区

3 时间来不及，可能会耽误几天课。

4 最近天气老下雨。

5 他担心张家界的天气不好。

6 不知道。

7 打217气象信息台。

8 不仅提共市区、郊区旅游天气预报，还发布全国著名的气象信息。

9 精通中国的人

본문 2

（情景：玛丽和约翰继续谈话。）

玛丽： 约翰，你一个人去，还是跟旅行团去？

约翰： 我一个人去，跟旅行团太受限制了。

玛丽： 一个人去，买票、吃饭、住旅馆，什么都得自己操心。

约翰： 可能麻烦一点儿。可是我喜欢自由自在，想去哪儿就去哪儿，想玩多长时间就玩多长时间。

玛丽： 你打算怎么去？

约翰： 我还没拿定主意呢。坐飞机吧，太贵；坐火车吧，时间太长。

玛丽： 我建议你坐火车，而且别坐软卧坐硬卧。

约翰： 为什么？

玛丽： 一是因为硬卧比软卧便宜得多，二是因为坐硬卧你有更多的机会和中国人聊天儿，既可以练习汉语，又可以了解

一下普通中国人的思想和生活，这不是一举两得吗？

约翰： 好，就听你的，今天下午我就去买票。

(상황:玛丽와 约翰이 계속 얘기한다.)

玛丽:约翰, 너 혼자 가니, 아니면 단체여행 가니?

约翰:나 혼자 가. 단체여행을 가면 구속을 너무 많이 받아.

玛丽:혼자 가면 표 사고, 밥 먹고, 여관에서 자는 것, 모든 것을 스스로 해야 하잖아.

约翰:아마 조금 번거로울 거야. 하지만 나는 자유로운 것을 좋아해. 가고 싶으면 가고 놀고 싶으면 놀면 돼.

玛丽:넌 어떻게 갈 거니?

约翰:아직 결정 안 했어. 비행기를 타면 너무 비싸고, 기차를 타면 시간이 너무 오래 걸려.

玛丽:너에게 기차 타는 것을 권하고 싶은데. 부드러운 침대 말고, 딱딱한 침대를 타.

约翰: 그건 왜?

玛丽:첫째는 딱딱한 침대는 부드러운 침대에 비해 매우 싸기 때문이야. 둘째는 딱딱한 침대를 타고 가면 중국인과 이야기를 할 기회가 많아져서, 중국어를 연습할 수 있고 일반 중국인의 생각과 생활을 이해할 수도 있어. 일거양득이 아니겠니?

约翰:좋아, 그렇게 할게. 오늘 오후에 표 사러 가야겠다.

〇1

1 约翰的打算是什么？ (B)

2 约翰不跟旅行团去旅行，是因为什

么？ (C)

3 🔊 玛丽建议约翰怎么做？ (D)

4 🔊 "我还没拿定主意呢" 是什么意思？ (B)

5 🔊 约翰今天下午要去做什么？ (B)

○**2**

坐火车，别坐软卧坐硬卧，硬卧比软卧便宜得多，坐硬卧可以有更多的机会和中国人聊天儿，练习口语，了解一下普通中国人的思想和生活。

본문 3

녹음대본

从北京乘飞机用不了3个小时，乘火车每日9:30在北京西站乘417次列车，第二天就可以到达举世闻名的风景区—张家界。

张家界风景区位于湖南省西北部，是国务院批准设立的中国第一个国家森林公园。那里山奇、水秀，景色优美，是大自然赠给人类的一个如诗如画的世界。张家界除了山水美之外，还有许多珍贵的动物和植物，所以在国际上也享有极高的声誉。

张家界风景区开放以来，已接待游客数百万人次。随着游客人数不断上升，张家界景区内的生活垃圾也在增加，对生态环境造成了一定的影响。为了恢复和保护张家界的自然生态环境，张家界市决定在五年内把风景区内所有的居民和宾馆迁出，以减少人类活动对风景区的污染。

녹음해석

베이징에서 비행기를 타면 3시간도 안 걸리고, 베이징 서역에서 매일 9시 30분에 출발하는 417열차를 타면, 그 다음날 세계적으로 유명한 풍치지구인 장쟈제에 도착한다.

장쟈제 풍치지구는 후난성 서북부에 위치하는 곳으로, 국무원이 중국 첫 번째 삼림공원으로 설립을 비준했다. 그곳은 산이 빼어나고 물은 맑고 경치가 아름다워서 대자연이 인류에게 선사한 시 한 수, 한 폭의 그림 같은 세계이다. 장쟈제는 산수의 아름다움 외에 많은 진귀한 동물과 식물이 있어 국제적으로도 높은 명성을 누리고 있다.

장쟈제 풍치지구는 개방된 이후로 이미 수백 만 명의 여행객이 다녀갔다. 여행객이 계속 증가함에 따라 장쟈제 풍치지구의 생활쓰레기도 증가해 생태환경에 영향을 끼쳤다. 장쟈제의 자연 생태환경을 보호하고 회복시키기 위해, 장쟈제 시는 5년내에 장쟈제내의 주민과 호텔을 이주시 킴으로써 사람들로 인한 풍치지구의 오염을 줄 이기로 결정했다.

답안

○**1**

1 🔊 从北京乘飞机到张家界需要多长时间？ (C)

2 🔊 怎么从北京乘火车去张家界？ (C)

3 🔊 张家界位于什么地方？ (C)

4 🔊 张家界为什么在国际上享有极高的声誉？ (D)

5 🔊 五年以后，张家界风景区内会有什么变化？ (D)

○**2**

因为游客人数不断上升，风景区内的生活垃圾也在增加，对生态环境造成了一定的影响。所以为了恢复和保护张家界的自然生态环境，所有的居民和宾馆迁出。

본문 4

녹음대본

　　旅游在现代人的生活中占有越来越重要的地位，一般来说，可以分为自助游和团体游两种。有人说前者省钱，也有人说后者划算。其实两者各有所长，选哪种玩法，要看你自己的要求了。

　　先说团体游。现在大大小小的旅行社很多，竞争很激烈，所以一般费用不会太高。由于旅行社和机场、饭店、旅游景点之间都有联系，所以参加团体旅游的费用中，机票、住宿费、景点门票都要比同等条件下自己花费便宜得多。如果您对交通工具、吃、住要求比较高，还是选择跟团旅游比较好，而且旅行社把一切都为您安排好了，不用自己操心。但美中不足的是，跟着团走，会受到一些限制。如果自己对一个地方比较感兴趣，到时间也得走，不能根据自己的情况安排时间和行程。

　　再看看自助游。要是按照团体游的标准，自助游肯定要花很多钱。但是，自己玩，在交通工具、吃、住等方面都可以自己做主，比如可以不坐飞机坐火车，不住大饭店而住小旅馆。对有兴趣的景点可以多玩一些时间，不感兴趣的景点可以干脆不去，这样也可以节省很多费用。不过，自助游一切都得自己操心，比较累。如果您能吃苦，又会计划，自助游可能花费会更少些，也会玩得很开心。

　　一句话，团体游和自助游，各有各的好处。要怎么玩，就看你自己的选择了。

녹음해석

　여행은 현대인의 생활에서 점점 더 중요한 위치를 차지한다. 일반적으로 개인여행과 단체여행 두 종류로 나눌 수 있는데, 어떤 사람은 전자가 돈이 적게 든다고 말하고, 또 어떤 사람은 후자가 경제적이라고 말한다. 사실 두 가지는 각각 장점이 있는데, 어떤 방법을 선택하든지 당신 자신의 요구를 고려해야 한다.

　먼저 단체여행을 말해보자. 요즈음에는 크고 작은 여행사들이 매우 많고 경쟁도 치열하다. 그래서 일반적으로 비용이 많이 들지는 않을 것이다. 여행사는 공항, 호텔, 관광지와 모두 연계가 되어 있어 단체여행의 참가비용 중 비행기표, 숙박비, 관광지들의 입장료는 모두 같은 조건하에서 자신이 직접 지불하는 것보다 많이 저렴하다. 당신이 교통수단, 먹는 것, 자는 것에 대한 요구가 비교적 높다면 단체여행을 선택하는 것이 좋다. 뿐만 아니라 여행사에서 일체의 모든 것을 알아서 처리해주기 때문에 스스로 신경 쓸 필요가 없다. 옥의 티처럼 단체여행을 따라다니면 어느 정도 구속을 받을 수 있다. 만약 당신이 한 곳에 비교적 흥미가 있더라도 갈 시간이 되면 가야하고, 자신의 상황에 따라 시간과 일정을 정할 수가 없다.

　다시 개인여행을 살펴보자. 만약 단체여행의 기준에서 보자면 개인여행은 분명히 많은 돈을 써야 한다. 그러나 스스로 즐길 수 있고 교통수단, 먹는 것, 자는 것 등 모든 방면을 자신의 위주로 한다. 예를 들면 비행기를 타지 않고 기차를 타고 호텔이 아니라 작은 여관에 머무를 수 있다. 흥미 있는 관광지에서 더 많은 시간을 보낼 수 있고, 관심 없는 관광지는 아예 가지 않으면 된다. 이런 식으로 비용을 줄일 수 있다. 그러나 개인여행은 일체의 모든 것을 스스로 신경써야 하므로 비교적 피곤하다. 만약 고생을 감수할 수 있고 또

답안

◯1

1　(×)
2　(◯)
3　(◯)
4　(×)
5　(◯)
6　(×)

◯2

1　团体游的优点：费用不太高，不用自己操心

团体游的缺点：会受到一些限制。

自助游优点：什么方面都可以自己做主。

自助游缺点：一切都得自己操心，比较累。

2　不坐飞机坐火车，不住大饭店而住小旅馆。有兴趣的景点可以多玩，不感兴趣的景点可以不去。

10　　疾病与治疗

확인해 봅시다

답안

02

1　咽
2　失眠
3　干扰
4　睡眠
5　头晕，耳鸣
6　症状
7　气色，脉搏
8　取消
9　患者
10　统计

03

1　怪不得他想当老师，原来他们家是"教师世家"。

问：这句话是什么意思？（C）

2　我现在年纪大了，要不然，还不知道谁输呢。

问：下面哪句话的意思不正确？（B）

3　他一出场就受到观众们的欢迎。

问：下面哪句话的意思正确？（D）

4　我每天半夜才能回家，没时间照顾孩子，不得不把他送幼儿园。

问：这句话的意思是（B）

5　感冒的常见症状为流鼻涕、打喷嚏、头疼、嗓子疼，有时会发烧。

问：这句话没提到哪种症状？（C）

본문 1

녹음 대본

（情景：　在篮球场）

女：你感冒了怎么还打球？

男：我身体这么好，感冒算什么？跑跑步、打打球，出一身汗就好了，比吃药还灵。

女：那是因为你年轻，感冒也不厉害，要不然，你就不会这么说了。

男：为什么？

女：感冒的时候运动对身体有害无益，特别是对心脏。感冒好了以后也不能马上运动，应该过几天再开始。还有，感冒的时候不能喝酒，最好不要洗澡。

男：你怎么知道得这么清楚？

女：你忘了我出生在"医生世家"。

녹음해석

(상황:농구장에서)

여:너 감기에 걸렸는데 농구를 어떻게 해?

남:몸 상태가 이렇게 좋은데 감기가 뭐 대수겠어? 뛰고 공 던지며 땀을 좀 냈더니, 좋아졌어. 약 먹는 것보다 효과가 있는 걸.

여:그건 네가 젊고 감기도 심하지 않아서야. 그렇지 않으면 넌 그렇게 말할 수 없을 걸.

남:왜?

여:감기에 걸렸을 때, 운동은 신체에 백해무익한데 특히 심장에 그래. 감기가 나은 후에도 바로 운동을 하면 안 되고, 며칠이 지난 후에 다시 해야 해. 또 감기 걸렸을 때는 술을 마셔도 안 되고 가장 좋은 것은 샤워하지 않는 거야.

남:넌 어떻게 그렇게 잘 아니?

여:너 내가 의사 집안에서 태어났다는 것을 잊었구나.

답안

○**1**

1 （ ✕ ）
2 （ ○ ）
3 （ ○ ）
4 （ ✕ ）
5 （ ○ ）
6 （ ✕ ）
7 （ ✕ ）
8 （ ○ ）

본문 2

녹음대본

（情景：　女的病了，男的去宿舍看她。）

女：这药太苦了，咽不下去，你帮我倒杯牛奶吧。

男：不能用牛奶吃药。

女：怎么不能？我以前常这样吃。

男：你要想身体好，从今以后就别再这样吃了。

女：有这么严重吗？

男：怎么没有？轻的会影响药效，重的还会有副作用呢。除了牛奶，你也不能用茶、酒、可乐吃药。

녹음해석

(상황: 여자가 병이 났다. 남자가 기숙사로 문병을 왔다.)

여:이 약은 너무 써서 삼킬 수가 없어. 우유 한 잔 따라줘.

남:우유로 약을 먹으면 안 돼.

여:왜 안 돼? 예전에는 항상 그렇게 먹었는데.

남:만약 몸이 좋아지길 바란다면, 오늘부터는 다시는 그렇게 먹지 마.

여:그렇게 심각해?

남:당연하지. 약의 효과에 영향을 줄 수 있고, 심각하면 부작용을 일으킬 수도 있어. 우유 외에 차, 술, 콜라로도 약을 먹으면 안 돼.

답안

01

1 女的用牛奶吃药是因为 (B)

2 关于女的，下面哪种说法正确？
   (D)

3 关于男的，下面哪种说法正确？
   (B)

4 根据课文内容，吃药的时候可以喝
   什么？ (B)

본문 3

녹음대본

　　失眠一般是由精神过度紧张、外界环境干扰和没有良好的睡眠习惯引起的。有失眠问题的人上床后很长时间不能睡着，或者虽然能很快睡着，但第二天早晨会过早地醒来，醒后就无法再睡。也有的人表现为晚上多梦。失眠常常会引起头晕、耳鸣、记忆力差等其他症状，影响工作和学习。

녹음해석

　　불면증은 일반적으로 정신의 과도한 긴장, 외부 환경의 간섭, 좋지 않은 수면습관으로 야기된다. 불면증이 있는 사람은 잠자리에 든 후 오랫동안 잠을 자지 못한다. 혹은 빨리 잠이 들어도 그 다음날 새벽에 일찍 잠이 깰 수 있고 깬 후에는 다시 잘 수가 없다. 또 어떤 사람은 저녁에 꿈을 많이 꾸는 현상으로 나타난다. 불면증은 종종 두

통, 귀울림, 기억력 감퇴와 같은 증상을 일으킬 수 있고, 일이나 학습에 영향을 미친다.

답안

01

1 精神过度紧张，外界环境干扰，没有
   良好的睡眠习惯

2 很长时间不能睡着，能很快睡着，第
   二天早晨会过早地醒来，醒后就无法
   再睡，晚上多梦

3 头晕，耳鸣，记忆力差

본문 4

녹음대본

　　中医是中国的传统医学。中医看病的基本方法是"望、闻、问、切"。"望"就是看病人的气色，"闻"就是听病人发出的声音，"问"就是问病人病情，"切"就是按病人的脉搏。然后再结合当时的季节、天气等自然情况，给病人开出药方。中医使用的药物叫中药，它是用植物、动物和矿物做成的，其中植物药最多。

녹음해석

　　중의학은 중국의 전통의학이다. 중의학에서 병을 보는 기본방법은 '보는 것, 듣는 것, 묻는 것, 진맥하는 것'이다. '보는 것'은 환자의 안색을 보는 것이고, '듣는 것'은 환자의 음성을 듣는 것이며, '묻는 것'은 환자에게 병의 상태를 물어 보는 것이다. 또한 '진맥하는 것'은 환자의 맥박을 살피는 것이다. 그런 후에 다시 당시의 계절, 날씨 등의 자연환경을 고려해 환자에게 약을 처방한다. 중의학에서 사용하는 약물을 한방약이라 부

르는데, 그것은 식물, 동물, 광물로 만들어지고 그 중 식물성분의 약이 가장 많다.

01

1 看病人的气色，听病人发出的声音，问病人病情，按病人的脉搏，当时的季节、天气等自然情况
2 植物，动物，矿物，植物

본문 5

녹음대본

新千年的第一场流感影响了美国、加拿大和整个欧洲。其中，英国的情况最为严重。上周最高峰时，全英国的空病床只剩11张！在苏格兰，几乎所有的医院都因为缺少病床而不得不取消很多手术安排，让出病床来接受感冒患者。政府的统计是每1万人中有200人得上感冒，而真正的数字是平均每1万人中有300名患者。这是因为有很多患者生病后只呆在家里自己吃药。

녹음해석

21세기의 첫 번째 유행성 감기는 미국, 캐나다, 유럽 전체에 영향을 주었다. 그 중 영국의 상황이 제일 심각했다. 지난주 최고 절정기에는 영국 전역에 빈 병상이 단지 11개 뿐이었다! 스코틀랜드에서는 거의 모든 병원이 병상이 부족해서 어쩔 수 없이 많은 수술 계획을 취소하고, 감기 환자에게 병상들을 내주었다. 정부의 통계에 의하면 1만 명 중 200명이 감기에 걸렸다고 했으나, 실제적으로는 평균 1만 명 중 300명이 환자였다고 한다. 이는 많은 환자들이 병이 난 후에

집에 틀어박혀 스스로 약을 먹었기 때문이다.

답안

01

1 (○)
2 (×)
3 (×)
4 (○)
5 (×)
6 (×)

11 职业工作

확인해 봅시다

답안

02

1 求职，面试
2 因特网，简历
3 自信
4 优点，缺点
5 提醒，姿势
6 打断
7 待遇，业务
8 后悔
9 硕士，博士
10 策划

03

1 这么重要的事，你怎么不事先通知我？

　　问：说话人是什么意思？（D）

2 他穿上这件衣服，显得很年轻。
　　问：这句话是什么意思？（B）

3 这种比赛有什么可紧张的？
　　问：说话人是什么意思？（D）

4 这是我们公司的介绍，中英文各
　　一份。
　　问：这句话是什么意思？（D）

5 这个孩子从小就喜欢冒险，像跳水
　　啦、蹦极啦，什么危险玩什么。
　　问：这个孩子可能喜欢玩什么？
　　（C）

리스닝 실전

본문 1

　　面试的目的是为了使公司能找到最合适的人选，为了使求职者能找到最理想的职位，这对于双方来说都是很重要的。为了面试成功，求职者应该注意做好几个方面的工作。

　　面试之前，求职者应该花一些时间了解一下用人公司的情况，最好事先知道主考官的名字。参加面试的时候，应该提前十到十五分钟到达面试的地点。应该多准备几分简历，因为主考官可能要交给公司其他人。最好带上一支笔和一个笔记本，以便记录重要的信息。

　　面试的时候，要注意自己的姿势，比如要坐直，不要低头，最好看着主考官的眼睛，这样会显得你对谈话很感兴趣。主考官说话的时候，你要边微笑边点头，记住千万不要打断主考官的话。

　　面试结束的时候，要跟主考官握手告别，感谢他给你面试的机会。还有，别忘了在一两天之内给每个参加面试的招聘者写一封感谢信，这不仅可以表示你的礼貌，而且可以再次引起他们对你的注意。

　　면접의 목적은 회사가 제일 적합한 사람을 찾고, 구직자가 가장 이상적인 직책을 찾게 하기 위함이다. 이것은 서로간에 매우 중요하다. 면접의 성공을 위해서 구직자는 몇 가지 사항에 주의해야 한다.

　　면접 전에 구직자는 시간을 내어 응시회사의 상황에 대해 이해해야 한다. 가장 좋은 것은 우선 시험관의 이름을 아는 것이다. 면접에 참가할 때는 10분에서 15분정도 일찍 면접장소에 도착해야 한다. 몇 통의 간단한 이력서를 준비해야 하는데 이는 시험관이 회사의 다른 사람에게 줄 수도 있기 때문이다. 중요한 정보를 기록하기 편하도록 펜과 노트를 준비하는 게 좋다.

　　면접을 볼 때 자신의 자세에 대해 주의해야 하는데, 예를 들어 똑바로 앉고 머리를 숙이지 않아야 한다. 시험관의 눈을 보는게 제일 좋은데, 이렇게 하면 당신이 대화에 흥미를 느낀다는 것을 나타낼 수 있다. 시험관이 말할 때, 당신은 약간 미소를 짓고 고개를 끄덕여야 한다. 절대로 그의 말을 끊어서는 안 된다는 것을 기억하라.

　　면접이 끝났을 때에는 시험관과 악수로 인사하며 면접할 기회를 준 것에 대해 감사한다. 또 하루 이틀내로 면접에 참가한 위원들에게 감사 편지 보내는 것도 잊지 말아야 한다. 이것은 당신의 예의를 보여줄 뿐 아니라 그들이 한번 더 당신에게 주의를 기울이게 할 수 있다.

○ **1**

使公司能找到最合适的人选，使求职者
能找到最理想的职位

○ **2**

1　花时间，了解用人公司的情况，最好
　　事先知道主考官的名字。
2　应该注意自己的姿势。
3　感谢主考官给你面试的机会。还有，
　　在一两天之内给每个参加面试的招聘
　　者写一封感谢信。

본문 2

녹음대본

（情景：课间休息的时候，约翰和王老师
　　　　聊天儿。）

王老师：约翰，你不是正在中国找工作
　　　　吗？现在怎么样了？

约翰：　下星期五我要去一个公司参加面
　　　　试。我还真有点儿紧张呢。

王老师：这有什么可紧张的？好好儿准备
　　　　一下，要有自信。

约翰：　我应该做哪些方面的准备呢？

王老师：首先，应该准备好你的简历，最
　　　　好是中英文各一份。

约翰：　这我已经准备好了，而且还复印了
　　　　好几份。

王老师：你还应该了解一下那个公司的基
　　　　本情况，比如主要经营哪些业务，职员
　　　　有多少人等。

约翰：　这我倒没想过。从哪儿才能了解到
　　　　这方面的情况呢？

王老师：一般的公司都有这方面的介绍材

料，你可以直接向公司要。另外，现在
很多公司在因特网上都有自己的主页，
你也可以上网查查。

约翰：　噢，谢谢你的提醒。不过，我还是
　　　　有点儿担心我的汉语水平不高，回答不
　　　　了他们提出来的问题。

王老师：有些面试的时候经常会问的问
　　　　题，你也可以先做一下准备。比如：
　　　　"你为什么愿意来本公司工作？" "描
　　　　述一下你的优点、缺点" 等等。

约翰：　看来，我还得再花一点儿时间好好
　　　　儿准备一下。谢谢您，王老师。我刚刚
　　　　学了一句中国俗话，"听君一席话，胜
　　　　读十年书。"

王老师：不用客气。祝你成功！

녹음해석

（상황:쉬는 시간에 王 선생님과 约翰이 얘기한
다.）

王 선생님:约翰, 자네 중국에서 일을 찾고 있지
　　　　않나? 지금은 어떤가?

约翰:다음 주 금요일에 한 회사에 가서 면접을
　　　　봅니다. 좀 긴장이 되요.

王 선생님:긴장할게 뭐 있어. 준비 잘하고 자신
　　　　감이 있어야 해.

约翰:저는 어떤 준비를 해야 할까요?

王 선생님:먼저, 간단한 이력서를 준비하게. 중
　　　　문과 영문 각 1부씩이 가장 좋지.

约翰:이미 준비했고 또 몇 부 더 복사해 놓았습
　　　　니다.

王 선생님:자네는 또 그 회사의 기본상황에 대해
　　　　알아야 해. 예를 들어 주요 업무는 무엇이고 직
　　　　원은 얼마나 되는지 등과 같은 거 말일세.

约翰:그건 생각 못 했네요. 어디서 이런 상황들
　　　　을 알아낼 수 있나요?

王 선생님:일반적인 회사에는 모두 이런 소개 자료가 있네. 자네가 직접 회사에 요청해도 돼. 그밖에도 현재 많은 회사들이 인터넷에 자신들의 홈페이지가 있으니 자네는 인터넷에 접속해서 알아봐도 되네.

约翰:아, 일깨워주셔서 감사합니다. 그렇지만 저는 여전히 중국어 실력이 좋지 못해 그들의 질문에 대답하지 못할까봐 걱정이 됩니다.

王 선생님:면접할 때 자주 묻는 질문들을 자네가 미리 준비를 하게. 예를 들면, "당신은 왜 이 회사에서 일하길 바라는가?", "당신의 장점과 단점을 말해보라" 와 같은 질문이 있겠지.

约翰:저는 좀더 시간을 들여 잘 준비해야겠어요. 감사합니다. 선생님. 저는 지금 막 중국어 속담 한 마디를 배웠어요, "군자의 한 마디는 십년 독서한 것보다 낫다."

王 선생님:뭘 그런 걸 가지고. 성공을 바라네.

답안

◯1

1 📹 约翰现在正在忙什么？ (A)

2 📹 对于这次面试，约翰觉得怎么样？ (C)

3 📹 下面哪些准备约翰还没有做？ (D)

4 📹 约翰怎样可以了解到公司的情况？ (B)

5 📹 约翰担心什么？ (C)

6 📹 和王老师谈话以后，约翰有什么想法？ (C)

본문 3

녹음대본

（情景：两个同学聊天儿。）

女：你工作定了吗？

男：还没有呢。去几个地方面试了几次，还给二十多个单位寄了简历，到现在也没有肯定的消息。你呢？

女：我也是。我只去了八九个单位，有一个单位上星期让我去签合同。

男：那你怎么不签？

女：这个单位不是我最理想的。我怕万一我签了，又找到更好的单位，到时候会后悔。

男：这样太冒险了。像咱们俩这样的专业都不是很热，专业对口，工作条件好，待遇又不错的单位本来就少，好容易找到几个，人家又只要硕士生、博士生。你这次不签，万一以后找不到更好的，那不就"鸡飞蛋打"了吗？

女：我也想到了。不过我还是想赌一赌。下周六在国际展览中心有一个人才招聘会，我再去看看。实在找不到理想的工作，我就准备考研究生。

녹음해석

(상황:두 친구가 이야기를 나눈다.)

여:너 직장 정했니?

남:아직. 몇 군데 가서 면접봤고, 또 20여 곳에 이력서도 보냈는데, 지금까지 확실한 소식이 없네. 너는?

여:나도 그래. 난 8, 9곳을 가 봤고, 한 곳에선 지난주에 계약하자고 했어.

남:그런데 왜 서명 안 했어?

여:그곳은 내가 가장 바라는 곳이 아니야. 만약 내가 서명했는데, 또 더 좋은 곳을 찾으면 그때 후회할까봐.

남:그렇게 하는 것은 너무 모험이야. 우리들의 전공이 결코 인기 있는 것도 아닌데, 전공도 일치하고 근무조건도 좋고 대우도 괜찮은 직장

은 원래 적어. 어렵사리 몇 개 찾아도 사람들은
또 석사나 박사를 찾지. 이번에 서명 안 했는데
만일 훗날 더 좋은 곳을 찾지 못하면, 그때는
'게도 구럭도 다 잃는 것' 아니겠어?
여:나도 생각을 해봤는데, 도박을 할 생각이야.
다음 주 토요일 국제전람센터에서 채용박람회
가 있는데 다시 가서 보려구. 정말로 이상적인
직업을 못 찾으면 대학원 시험을 준비할거야.

답안

○ **1**

1 (×)
2 (○)
3 (○)
4 (○)
5 (×)
6 (×)
7 (×)

○ **2**

1 他们的专业都不是很热。
2 专业对口, 工作条件好, 待遇又不错的
  单位。

본문 4

녹음대본

(下面是一则招聘广告, 某外国公司北京
办事处招聘公关经理一名。)

　　本公司欲聘北京办事处公关经理一
名, 年龄30岁到40岁之间, 男女不限。要
求有五年以上公关经理经验, 两年以上市
场经验; 英语口语流利, 并有较强的读写
能力, 能熟练地使用电脑; 有策划大型展
览会、负责公司内部活动的能力, 与政府

部门有良好的关系。

녹음해석

(아래는 한 외국회사의 베이징사무소에서 공
공관리 지배인 한 명을 초빙하는 내용의 채용광
고이다.)

　본사는 베이징사무소의 공공관리 지배인 한
분을 모시고자 합니다. 나이는 30살에서 40살
사이, 남녀불문입니다. 5년 이상 공공관리 지배
인 경험과 2년 이상의 시장경험을 요합니다. 영
어는 회화가 유창하고 아울러 높은 문장력 그리
고 능숙한 컴퓨터 실력, 대형 전람회의 기획 및
회사 내의 업무를 책임질 능력 그리고 정부부서
와 좋은 관계를 유지할 능력이 있는 분을 찾습니
다.

답안

○ **1**

职业	北京办事处公关经理
年龄	30 岁 ~ 40 岁
具体要求	五年以上公关经理经验
	两年以上市场经验
	很高的英语水平
	熟练地使用电脑

12　健康

❖ 확인해 봅시다

답안

02

1　瞎，根据
2　重视，情绪，促进，心理
3　悲伤，焦虑，引发
4　恶心
5　控制
6　适度
7　培养
8　发火
9　好胜
10　和睦

03

1　只要是我力所能及的事，我一定会帮忙。
　　问：说话人是什么意思？(C)

2　小王这人什么都好，就是有点儿爱逞能。
　　问：这句话是什么意思？(C)

3　一分钱也会跟人计较半天，真不像个男人。
　　问：说话人的态度是怎样的？(B)

4　一天忙到晚，可忙的尽是些鸡毛蒜皮的小事，真没劲！
　　问：说话人是什么意思？(D)

5　女：你为什么总是那么快乐？
　　男：我快乐是因为我有自知之明，这样就不会有那么多不必要的烦恼了。
　　问：为什么男的很快乐？(B)

❖ 리스닝 실전

본문 1

녹음대본

女：又去锻炼了？

男：是啊。你也该多运动运动，你看你脸色老是不好，以后每天早上跟我一起锻炼，我叫你。

女：我正想告诉你呢。前几天我看《北京晚报》，有篇文章说不应该在早上锻炼。

男：别听他们瞎说，早上空气清新，锻炼的人多着呢。

女：不是瞎说，人家是有科学根据的。太阳没出来以前，植物吸进氧气，呼出二氧化碳，特别是在秋、冬、春三季，早上六点钟左右空气污染最厉害，是污染的高峰期。而且进入秋天以后，早晨气温低，太早锻炼，不仅容易感冒，还容易引发胃病。

男：那什么时间运动最好呢？

女：大概是下午四五点钟，这好像是和人体的"生物钟"有关。嗨，反正挺复杂的，一两句也说不清楚。你要是想了解，我把那篇文章找给你看看。

녹음해석

여:또 운동하러 가니?

남:응. 너도 운동 좀 해. 내가 볼 때 네 안색이 늘 안 좋았어. 앞으로 매일 아침 나랑 같이 운동하자. 내가 부를게.

여:마침 너에게 알려주려고 했어. 며칠 전에 『베이징만보』를 봤는데, 아침에 운동하면 안 된다고 하더라.

남:사람들이 하는 헛소리 듣지 마. 아침공기가

신선해서 운동하는 사람이 많기만 한대.

여:헛소리가 아니야. 과학적 근거가 있어. 태양
이 뜨기 전, 식물들은 산소를 마시고 이산화탄
소를 배출한대. 특히 가을, 겨울, 봄 이 세계절
에는 아침 6시를 전후해서 공기오염이 제일 심
각하고, 오염의 절정기래. 게다가 가을 이후에
는 새벽기온이 내려가 너무 일찍 운동하면 감
기에 쉽게 걸릴 뿐만 아니라 위장병이 생기기
쉽대.

남:그럼 언제 운동을 하는 것이 제일 좋아?

여:대개 오후 4시쯤인데, 이것은 인체의 '생명활
동의 주기적 리듬시계'와 관련이 있어. 휴, 아
무튼 너무 복잡해서 한두 마디로는 명확히 말
할 수 없어. 알고 싶다면 그 문장을 찾아서 너
에게 보여줄게.

답안

○**1**

1 （ × ）

2 （ × ）

3 （ ○ ）

4 （ ○ ）

5 （ ○ ）

6 （ ○ ）

7 （ × ）

○**2**

早上，植物吸进氧气，呼出二氧化碳，特
别是在秋、冬、春三季，早上六点钟左右
空气污染最厉害。而且进入秋天以后，早
晨气温低，太早锻炼，不仅容易感冒，还
容易引发胃病。

본문 2

녹음대본

　　健康长寿是现代人的美好愿望。健
康，不仅指身体健康，而且还包括心理健
康。世界卫生组织对健康的定义是：健康
是一种身体上、精神上和社会上完全安宁
的状态，不只是没有疾病。

　　体育锻炼可以促进身体健康，而重视
情绪锻炼，则可以促使精神健康。现代人
要想健康长寿，情绪锻炼比身体锻炼更重
要。心理学家把人的情绪分为两大类：一
类是愉快的情绪，如快乐、喜悦等；另一
类是不愉快的情绪，如悲伤、焦虑、紧
张、憎恨等。医学家们十分重视情绪与疾
病关系的研究。研究表明，不良情绪容易
引起癌症、高血压、胃痛、恶心等疾病。
为了健康，现代人不论是愉快的或不愉快
的情绪都应控制在适度的范围内

녹음해석

　　건강하고 장수하는 것은 현대인의 아름다운
바람이다. 건강은 신체적인 건강만 지칭할 뿐 아
니라 심리적인 건강도 포함한다. 세계보건기구
는 건강에 대해서 정의하길 '건강은 일종의 신체
적·정신적·사회적으로 안정한 상태이며, 단지
질병이 없는 상태만은 뜻하지는 않는다'고 했다.

　　체육단련은 신체건강을 촉진할 수 있고 또 정
서단련을 중시하여 정신건강을 촉진시킬 수 있
다. 현대인은 건강하고 장수하길 바라며, 정서단
련은 신체단련보다 더 중요하다. 심리학자들은
사람의 정서를 크게 두 부분으로 나눈다. 하나는
유쾌정서인데 쾌락과 희열 같은 것이다. 다른 하
나는 블쾌정서인데 슬픔, 초조, 긴장, 증오 같은
것이다. 의학자들은 정서와 질병의 관계에 대한

연구를 매우 중시한다. 연구에 따르면, 좋지 않은 정서는 쉽게 암이나 고혈압, 위통, 메스꺼움 등을 야기한다. 건강하기 위해서는 현대인은 유쾌정서 뿐만 아니라 불쾌정서 모두 적절한 범위 내로 통제해야 한다.

○1

快乐，喜悦，悲伤，焦虑，紧张，憎恨

○2

1 （×）

2 （×）

3 （○）

4 （○）

5 （○）

○3

不良情绪容易引起癌症、高血压、胃痛、恶心等疾病。

본문 3

녹음대본

在现代生活中应该怎样注意情绪缎练呢?

一、在生活中变化面前，应经常保持开朗愉快的情绪。

二、要多方面培养自己的兴趣与爱好，如书法、绘画、集邮、养花、下棋、听音乐、跳舞、打太极拳等等

三、对自己要有自知之明，不要好胜逞能而去做力不从心的事。

四、不要过于计较个人的得失，不要常为一些鸡毛蒜皮的事发火。

五、经常从事一些力所能及的体育运动，既能锻练身体，又能使人心情愉快。

六、 保持和睦的家庭生活和友好的人际关系、领里关系。

녹음해석

현대생활에서 어떻게 정서단련에 주의해야 하는가?

1.생활의 변화 앞에서 늘 밝고 유쾌한 정서를 유지해야 한다.

2.자신의 흥미나 취미를 다방면으로 배양한다. 예를 들면 서예, 그림 그리기, 우표 수집, 꽃 기르기, 바둑, 음악 듣기, 춤 추기, 태극권 등이다.

3.자신에 대해 정확히 알아야 한다. 승부욕을 뽐내려고 능력이 되지 않는 일을 해서는 안 된다.

4.지나치게 이해득실을 따지지 말고 하찮은 일로 화를 내지 않는다.

5.늘 자신이 할 수 있는 스포츠를 하는 것은 신체도 단련할 수 있고 또 마음도 유쾌하게 할 수 있다.

6.화목한 가정생활과 우호적인 인간관계, 이웃관계를 유지한다.

신공략 중국어 리스닝 중급편

지은이 毛悦, 井梦然, 刘长征
옮긴이 변형우, 박성진
펴낸이 정규도
펴낸곳 (주)다락원

초판 1쇄 발행 2003년 7월 22일
초판 6쇄 발행 2016년 9월 27일

책임편집 최준희, 윤혜림
디자인 정현석, 김금주

다락원 경기도 파주시 문발로 211
내용문의: (02)736-2031 내선 430~439
구입문의: (02)736-2031 내선 250~252
Fax: (02)732-2037
출판등록 1977년 9월 16일 제300-1977-23호

값 15,000원(오디오 CD 2장 포함)

ISBN 978-89-7255-322-9 18720
       978-89-7255-774-6 (set)

http://www.darakwon.co.kr

• 다락원 홈페이지를 방문하시면 상세한 출판정보와 함께 동영상 강좌, MP3자료 등 다양한 어학 정보를 얻으실 수 있습니다.